RK-019

MASSIMILIANO AFIERO

FESTUNG DEMJANSK 1942

LA TOTENKOPF NELLA SACCA DI DEMJANSK

Festung Demjansk 1942 - La Totenkopf nella sacca di Demjansk - RK019 Prima edizione Luglio 2024 by Luca Cristini Editore per i tipi Soldiershop - Ritterkreuz Special.
Cover & Art Design by Soldiershop factory. ISBN code: 979125589-1420
First published by Luca Cristini Editore, copyright © 2024. No part of this publication may be reproduced, stored in a retrieval system or transmitted by any form or by any means, electronic, recording or otherwise without the prior permission in writing from the publishers. The publisher remains to disposition of the possible having right for all the doubtful sources images or not identifies.
Visit www.soldiershop.com to read more about all our books and to buy them.

In merito alle serie Ritterkreuz e The Axis Forces ecc. l'editore Soldiershop informa che non essendone l'autore ne il primo editore del materiale pervenuto per la stesura del volume, declina ogni responsabilità in merito al suo contenuto di testi e/o immagini e la sua correttezza. A tal proposito segnaliamo che la pubblicazione Ritterkreuz tratta esclusivamente argomenti a carattere storico-militare e non intende esaltare alcun tipo di ideologia politica presente o del passato cosi come non intende esaltare alcun tipo di regime politico del secolo precedente ed alcuna forma di razzismo.

Massimiliano Afiero

Festung Demjansk 1942
La Totenkopf nella sacca di Demjansk

Soldato SS armato con una pistola mitragliatrice MP-38 sul fronte dell'Est (NA).

Festung Demjansk – 1942!

La rapida avanzata delle forze sovietiche sul fronte di Leningrado tra il dicembre 1941 ed il gennaio del 1942, tagliò fuori dalle loro linee numerosi reparti tedeschi e portò alla conseguente creazione di numerose isole di resistenza, in modo particolare nella regione di Demjansk. Qui i sovietici, riuscirono a chiudere in una gigantesca sacca alcune divisioni dell'esercito ed i reparti SS della divisione *Totenkopf*. L'offensiva generale sovietica a sud del lago Ilmen iniziò durante la notte tra il 7 e l'8 gennaio 1942, con una temperatura polare, quasi quaranta gradi sottozero. Con essa i sovietici tentarono di accerchiare la 16ª Armata tedesca, posta sull'ala destra del Gruppo Armate Nord a sud del lago Ilmen e a nord del lago Seliger. Il 9 gennaio, le prime avanguardie sovietiche minacciavano già i sobborghi orientali di Staraya Russa. Nello stesso tempo, altri reparti dell'11ª Armata sovietica avanzarono da nord, passando sulla superficie gelata del lago Ilmen, attaccando la stessa città. Anche alla *Totenkopf* fu richiesto di inviare truppe nell'area: i reparti della *Totenkopf* iniziarono a muoversi nella serata del 9 gennaio in condizioni climatiche proibitive, dall'area intorno alle colline del Valdai in direzione di Staraya-Russa. Altri reparti della divisione furono invece inviati nel settore della *290.Infanterie-Division* per rinforzare il fianco meridionale della *16.Armee*. La controffensiva tedesca ebbe successo e Staraya Russa fu riconquistata. Gli scontri intorno alla città e ad ovest del fiume Lovat, continuarono però anche nelle settimane successive, a causa dei contrattacchi sovietici. Il 12 gennaio 1942, poiché la situazione della *16.Armee* si era così aggravata, il Maresciallo von Leeb chiese di poter ritirare le sue forze sulla sponda occidentale del fiume Lovat. Per tutta risposta, il *Führer* in persona non solo non autorizzò alcun ripiegamento, ma sostituì anche lo stesso Leeb con il Generale von Küchler al comando del Gruppo Armate Nord. Al nuovo comandante Hitler inviò un ordine semplice e categorico: "*...difendere Demjansk fino all'ultimo uomo*". Nel frattempo, gli attacchi sovietici contro i fronti del X e II Corpo d'Armata, da cui dipendeva la *Totenkopf*, erano continuati. Le truppe tedesche minacciate di finire circondate tentarono di ristabilire i collegamenti con altre forze amiche ad ovest, ma senza successo. Per tre settimane, ciascuna divisione tedesca nella sacca trasferì le sue riserve alla *Totenkopf*, attestata con i suoi reparti a difendere la parte occidentale della sacca stessa. Tagliati i collegamenti del nemico, i sovietici iniziarono a fare pressione sulle forze circondate: un intero corpo dell'11ª Armata d'urto sovietica attaccò in direzione di Staraya-Russa, girando poi verso sud minacciando la posizione di Kobylkino, difesa proprio dai reparti SS. I soldati del teschio difesero strenuamente le loro posizioni, impegnandosi in durissimi combattimenti corpo a corpo e respingendo con successo tutti gli assalti nemici. La posizione di Nishossossiowka fu attaccata per ben ventuno volte dai reparti sovietici, e tutte le volte gli assalti nemici furono respinti. Anche a Wassiljewschitschina i reparti della *Totenkopf* furono impegnati a respingere gli assalti nemici provenienti da est. All'inizio di febbraio, le avanguardie corazzate sovietiche giunsero a sud di Salutsche e l'8 febbraio, i reparti della 1ª Armata d'urto sovietica stabilirono il collegamento con le forze amiche a Kobylkino, chiudendo il cerchio intorno alla regione di Demyansk. Nella sacca restarono intrappolati i due Corpi d'Armata tedeschi: in tutto sei divisioni, cinque della *Wehrmacht* (12ª, 30ª, 32ª, 123ª e 290ª) ed una

Festung Demjansk!

della *Waffen SS*, la *Totenkopf*. In totale circa 100.000 uomini si ritrovarono isolati dal resto delle forze tedesche del Gruppo Armate Nord. Per poterli rifornire, la *Luftwaffe* dovette approntare un ponte aereo. L'Alto Comando tedesco ordinò di mantenere a tutti i costi le posizioni lungo il fiume Lovat, da dove poter lanciare dei contrattacchi in soccorso delle forze assediate. Ma all'ultimo momento si decise di rinviare qualsiasi tentativo di soccorso alla successiva primavera: con l'arrivo della bella stagione sarebbe stato più facile lanciare una nuova offensiva per liberare le truppe assediate a Demyansk. Ai soldati rinchiusi nella sacca non restò che trincerarsi alla meglio e continuare a resistere agli assalti nemici. L'afflusso dei rifornimenti per via aerea funzionò e agli assediati non mancarono mai né cibo né munizioni, condizione indispensabile per poter resistere. Il comando delle truppe nella sacca fu affidato al Generale Walter von Brockdorff-Ahlefeld, già comandante del II Corpo d'Armata tedesco. Avendo dato prova esemplare di valore e combattività sul campo, la *Totenkopf* venne suddivisa in due gruppi da combattimento per essere impegnata su entrambi i lati della sacca, quello occidentale e quello orientale. Theodor Eicke assunse personalmente il comando del primo *Kampfgruppe*, comprendente circa quattromila uomini, impegnato a difendere il settore occidentale della sacca. L'*SS-Oberführer* Max Simon, assunse il comando dell'altro *Kampfgruppe*, impegnato a difendere il settore orientale della sacca. La resistenza dei soldati del teschio fu al solito esemplare, ma questo non impedì ai sovietici, di far valere la loro superiorità numerica e riuscire ad effettuare numerose penetrazioni. Il comandante Eicke via radio chiese rinforzi per poter respingere il nemico: dei 4.000 uomini che aveva all'inizio delle operazioni, gli restavano ora meno di 40 ufficiali, 200 sottufficiali e circa 1.200 uomini. Le posizioni continuarono ad essere difese caparbiamente, gli assalti furono respinti uno dopo l'altro: grazie al valore ed al sacrificio dei suoi uomini, la *Totenkopf* divenne in poco tempo l'unità più combattiva di tutto il fronte nord e non solo nei bollettini ufficiali della *Wehrmacht*. In seguito alle incessanti richieste di rinforzi giunsero alla fine circa quattrocento rincalzi, trasportati nella sacca per via aerea, una cifra esigua per poter riorganizzare tutti i reparti ma comunque utili per poter rinforzare in qualche modo la linea difensiva. I combattimenti si protrassero fino all'estate del 1942, con la completa vittoria dei reparti tedeschi e i soldati della *Totenkopf* furono evacuati dal settore solo nell'autunno del 1942 per essere riorganizzati in Francia.

Massimiliano Afiero

Festung Demjansk!

Cap. I) Nella sacca di Demjansk

Il 22 giugno 1941, le forze armate tedesche avevano invaso l'Unione Sovietica. Dopo una marcia inarrestabile, dal fronte Finlandese fino all'Ucraina meridionale, con l'arrivo della stagione autunnale, le piogge e la prima neve, iniziarono i primi problemi logistici che permisero ai sovietici di riprendere fiato e riorganizzare le difese. All'inizio di dicembre del 1941, la temperatura sul fronte dell'Est continuò a scendere drasticamente, arrivando a meno trenta gradi. A causa del freddo, le armi iniziarono a bloccarsi, così come i motori dei veicoli, ritardando l'arrivo dei rifornimenti. I Sovietici allora ne approfittarono per lanciare una offensiva generale, dal Mar Bianco fino al Mar Nero. Ovunque i Tedeschi ripiegarono, abbandonando sul posto carri, armi pesanti e veicoli. L'offensiva sovietica non interessò in quel momento la regione del Valdai, dove erano attestati i reparti della divisione SS *Totenkopf*, che restò abbastanza tranquilla. In questo stesso periodo, per continuare a lanciare missioni esplorative in territorio nemico, il comando della divisione *Totenkopf* ordinò la formazione di una compagnia sciatori, posta agli ordini dell'*SS-Ostuf*. Weber[1].

Il generale Busch consegna la Croce di Cavaliere all'*SS-Gruf*. Theodor Eicke.

Una postazione difensiva tedesca, 1941.

Il 18 dicembre, Adolf Hitler ordinò alle sue truppe impegnate in Russia di mantenere le posizioni raggiunte a qualsiasi costo e non ripiegare: quest'ordine, pur nella sua drammaticità e votato al sacrificio, salvò l'esercito tedesco da una rotta generale. Il 26 dicembre 1941, l'*SS-Gruf*. Theodor Eicke,

Festung Demjansk!

Osservatori avanzati dell'artiglieria.

comandante della *Totenkopf*, fu decorato con la Croce di Cavaliere, per il valore dimostrato dai suoi uomini durante i combattimenti difensivi dell'autunno precedente.

La controffensiva invernale sovietica

Nella notte tra il 7 e l'8 gennaio 1942, i Sovietici lanciarono una massiccia offensiva sull'ala destra dell'*Heeresgruppe 'Nord'*. Tre armate riuscirono a penetrare il fronte tedesco, tra i laghi Ilmen e Seliger, mentre più a sud, la 3ª armata d'urto sovietica, riuscì a penetrare le linee della *16.Armee*. Nel giro di poche ore, i Sovietici annientarono la *290.Inf.Div.*, dislocata a destra della *Totenkopf* e penetrarono per una trentina di chilometri dietro le linee dal *X.Armee-Korps*. Il 9 gennaio, l'11ª armata sovietica raggiunse Staraya Russa per poi girare verso sud. Nello stesso tempo, la 1ª armata d'urto sovietica, attaccando a ovest del lago Seliger, risalì lungo il Lowat, per stabilire il collegamento con l'11ª armata, minacciando così di accerchiamento tutta la *16.Armee*. Realizzando il pericolo, questa ordinò alla *Totenkopf* di formare dei *Kampfgruppen* da inviare subito nel settore di Staraja Russa. Questa città rappresentava la base dei rifornimenti della *16.Armee*: c'erano depositi di viveri e munizioni, officine riparazioni e ospedali.

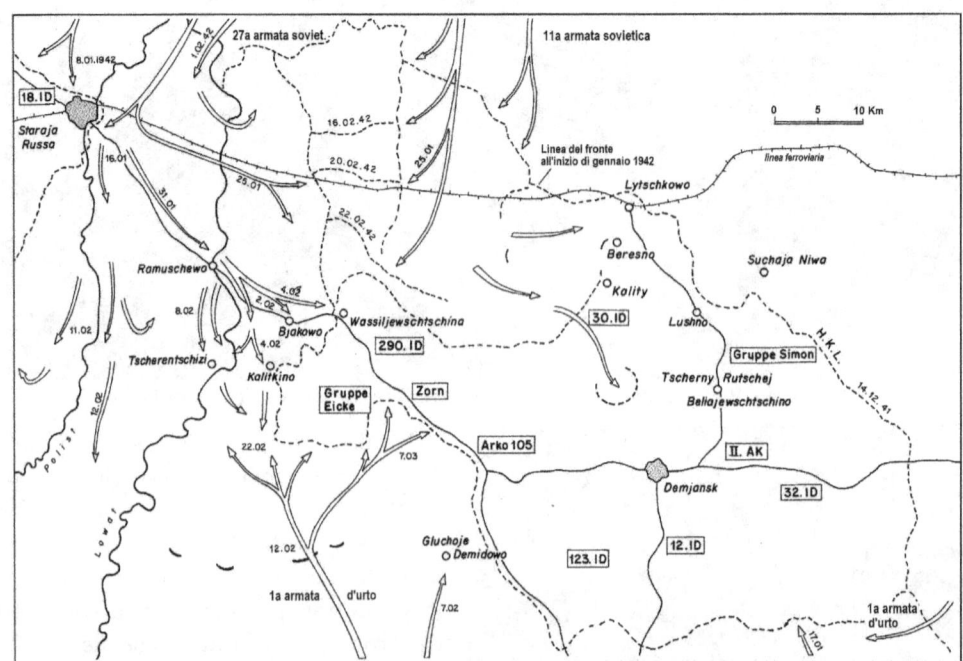

Le direttrici della controffensiva invernale sovietica nel settore del *II.Armee-Korps*.

Festung Demjansk!

Soldati della *Totenkopf* prima di un attacco, 1942.

Soldati della *Totenkopf* in tenuta invernale, 1942.

La strada che collegava Staraja-Russa, Ramuschewo, Kobylkino, Wassilijewschtschina, Demjansk, dalla quale passavano tutti i rifornimenti del *II.Armee-Korps* e del *X.Armee-Korps,* era direttamente minacciata dal braccio settentrionale dell'offensiva sovietica. Lo stato maggiore della *16.Armee* individuò molto presto l'asse d'attacco dei Sovietici. Considerando che la regione del Valdai in quel momento non fosse direttamente minacciata dagli attacchi nemici, la *Totenkopf* ricevette l'ordine di ritirare dalle sue prime linee un gran numero di unità, per poterle trasferire nei punti più minacciati del fronte. La *Totenkopf* scelse di inviare nell'area Staraja-Russa il suo gruppo da ricognizione, passato nel frattempo agli ordini dell'*SS-Stubaf.* Kurtz[2]. Gli esploratori della *Totenkopf* furono però bloccati lungo la strada, per essere aggregati alla *18.Inf.Div. (mot.)*, che si trovava in quel momento in grosse difficoltà nel settore di Podborowje. La *18.Infanterie Division* dopo essere stata impegnata sulla sponda occidentale del lago Ilmen, aveva ricevuto l'ordine di marciare verso Staraya-Russa. Durante il tragitto, i Sovietici attaccarono la divisione sui fianchi costringendola a ritirarsi verso il Polisst: solo l'*Infanterie Regiment 51* era riuscito a raggiungere la città.

I combattimenti per Staraja-Russa

Dal comando del corpo, Eicke ricevette un ordine perentorio:

Festung Demjansk!

"*...voi invierete cinque battaglioni a Staraya Russa. E' importante tenere a tutti i costi questo importante nodo di comunicazioni*". Nel corso dell'8 gennaio 1942, furono inviati verso Staraja-Russa, i seguenti gruppi da combattimento:

-SS-Artillerie-Gruppe 'Stange': SS-Hstuf. Stange[3]
>Stab I./SS-T.Art.-Rgt.
>4./SS-T.Art.-Rgt.
>10./SS-T.Art.-Rgt.

-SS-Kampfgruppe 'Ullrich': SS-Hstuf. Ullrich
>Stab SS-T.Pi.-Btl.
>2./SS-T.Pi.-Btl.
>3./SS-T.Pi.-Btl.

-SS-Kampfgruppe 'Eichert': SS-Ostuf. Eichert[4]
>1./SS-T.Kradsch.-Btl.
>IG-Zug 'Dunkmann'

-SS-Kampfgruppe 'Bochmann': SS-Hstuf. Bochmann
>Stab SS-T.Pz.Jg.-Abt.

-SS-Kampfgruppe 'Wedenig': SS-Ostuf. Wedenig[5]
>10./SS-Tot.Inf.Rgt.1
>Elementi della 12./SS-Tot.Inf.Rgt.1

-SS-Kampfgruppe 'Becker': SS-Ostubaf. Becker
>Stab SS-Tot.Inf.Rgt.3

-Elementi dell'*SS-T.StuG.-Bttr.*: SS-Ostuf. Meierdress[6]

Una volta arrivati a Staraja-Russa, tutti questi *Kampfgruppen*, furono aggregati alla *18.Infanterie-Division*, agli ordini del *Generalleutnant* Werner von Erdmannsdorff. Lo stato maggiore dell'*SS-Tot.Inf.Rgt.3* assunse la responsabilità del settore settentrionale del fronte difensivo. La *10.Bttr./SS-T.Art.-Rgt.*, agli ordini dell'*SS-Ostuf.* Konrath[7], dislocò i suoi pezzi nei pressi dell'aeroporto. Appena messi in posizione le bocche da fuoco, gli artiglieri SS

Uno sciatore della *Totenkopf*, 1942.

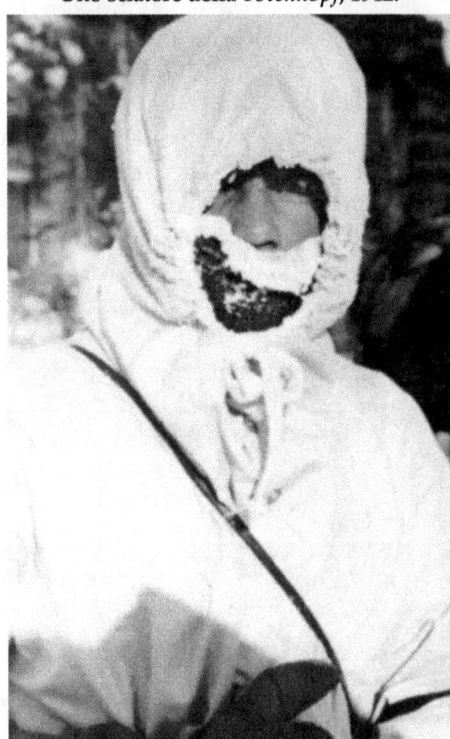
Un soldato della *Totenkopf*, 1942.

Festung Demjansk!

furono attaccati dai carri e dalla fanteria sovietici, che avevano attraversato il fiume Polist. Gli artiglieri SS tirarono all'impazzata, fino a quando gli attaccanti finirono per ritirarsi. Subito dopo i Sovietici attaccarono nuovamente e continuò così per tutta la notte: al mattino, gli stremati artiglieri SS contarono centinaia di caduti nemici davanti alle loro posizioni. Il 9 gennaio 1942, la situazione diventò ancora più difficile per i Tedeschi: sembrava ormai impossibile riuscire a colmare la breccia tra Staraja-Russa e le posizioni tenute dalla *290.Inf.Div.* Numerose formazioni sovietiche si avvicinarono alla strada Staraja-Russa-Demjansk e respinsero indietro le unità della *18.Inf.Div.(mot.)*.

Una batteria della *Totenkopf* equipaggiata con cannoni pesanti di fanteria *sIG33* da 150mm.

Una pattuglia della *Totenkopf* in ricognizione, 1942.

L'*SS-T.Aufkl.-Abt.* fu attaccato nel bel mezzo di una tempesta di neve da un battaglione sciatori sovietico. Gli esploratori SS dovettero ripiegare su Mednikowa, dove ritrovarono l'*SS-Kampfgruppe 'Becker'*. Nel frattempo, Staraja-Russa finì sotto il fuoco incessante dell'artiglieria sovietica. Il 10 gennaio, i reparti sovietici continuarono a stringere la morsa intorno a Staraja-Russa, soprattutto da ovest. L'*Oberst* Maul, comandante dell'*Inf.Rgt.46*, ricevette l'ordine di costituire un raggruppamento tattico con il *I./Inf.Rgt.46*, l'*SS-Kampfgruppe 'Ullrich'*, una batteria dell'*SS-Tot.Art.-Rgt.* ed una batteria di cannoni d'assalto, per attaccare le forze nemiche che avanzavano. Nella serata del giorno dopo, i

Festung Demjansk!

Sovietici tornarono ad attaccare: l'*SS-Kampfgruppe 'Wedenig'* si batté duramente nell'area a nord dell'aeroporto, restando con soli 75 combattenti ancora validi, per difendere due chilometri di fronte. I razzi illuminanti permisero ai mitraglieri SS di aggiustare i loro tiri contro la fanteria sovietica, infliggendole pesanti perdite. Verso le 0:30, i Sovietici si videro costretti a ritirarsi. L'11 gennaio, il *Gen.Kdo X.Armee-Korps*, ordinò che delle nuove unità della *Totenkopf*, il *III./SS-T.Inf.Rgt.3* e la *9.Bttr./SS-T.Art.-Rgt.*, che andarono a formare l'*SS-Kampfgruppe 'Moder'*, dovessero essere subordinate alla *290.Infanterie-Division*, per rinforzare il fianco meridionale della *16.Armee*.

Fanteria sovietica all'assalto, 1942.

Una posizione della *Totenkopf* con una *MG-34*.

Cannoni d'assalto *StuG.III* tedeschi impegnati sul fronte di Demjansk, gennaio 1942.

Nella notte tra l'11 e il 12 gennaio, i Sovietici tentarono di conquistare la posizione di Mednikowa, ma furono respinti dal fuoco delle *MG* e dai tiri diretti della *4.Bttr./SS-T.Art.-Rgt.* I Sovietici lanciarono un nuovo assalto contro l'*SS-Kampfgruppe 'Wedenig'*, ma anche questo fu respinto con gravi perdite per il nemico. I cannoni d'assalto agli ordini dell'*SS-*

Festung Demjansk!

Ostuf. Meierdress furono impegnati nel corso della giornata sulla strada di Korostyn. Nel corso dei combattimenti, rimase gravemente ferito lo stesso Meierdress. L'*SS-T.Pi.-Btl.* raggiunse a sua volta Staraja-Russa e occupò delle posizioni difensive ad est della città.

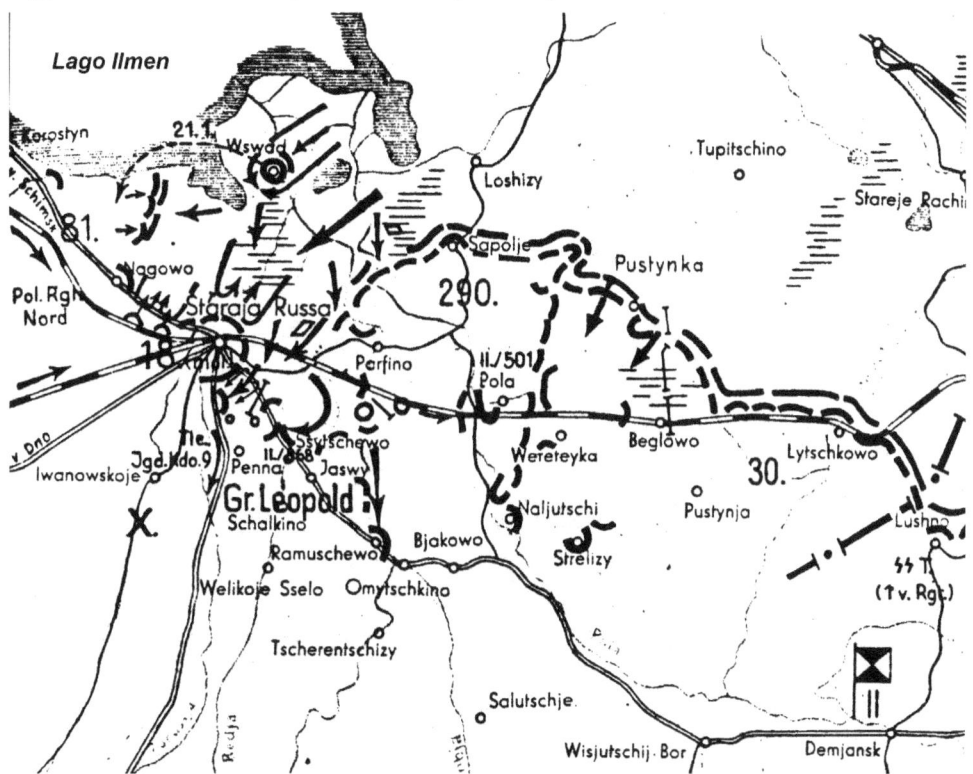

La situazione nell'area di Staraja Russa tra il 1 ed il 31 gennaio 1942. Le frecce nere, indicano gli attacchi sovietici contro le posizioni difensive tedesche.

Una postazione difensiva tedesca con un mortaio medio.

La situazione critica a sud-est della città portò lo stato maggiore della *18.Inf.Div.* a lanciare il *Gruppe 'Maul'* al contrattacco in direzione della foresta dei Lapponi. L'*SS-Btl. 'Bochmann'* riuscì a raggiungere la posizione, ma nello stesso momento, degli elementi sovietici, appoggiati da una ventina di carri, attaccarono sui fianchi. I reparti SS ripiegarono allora su Lipowizy, dove quattordici carri sovietici furono distrutti a distanza ravvicinata. Nel pomeriggio, il *X.Armee-Korps* richiese ancora l'intervento della *Totenkopf*, per liberare delle forze dal

Festung Demjansk!

fronte del Valdai per poterle impegnare nel settore di Staraja-Russa. Il 13 gennaio, si verificarono nuovi attacchi contro Staraja-Russa: a nord-ovest della posizione, i Sovietici tagliarono la strada di Schimsk. L'*SS-Kampfgruppe 'Becker'*, ricevette allora l'ordine di assicurare la difesa di una parte del fronte occidentale di Staraja-Russa. A tal scopo, gli furono aggregati un *Feldregiment* della *Luftwaffe* e delle unità di allerta.

Un pezzo *Flak* da 20mm della *Totenkopf* sul fronte del Valdai, gennaio 1942 (NARA).

Soldato SS con una MP-38 (NA).

Nello stesso tempo, nell'area ad est di Staraja-Russa, gli elementi dell'*SS-Kampfgruppe 'Ullrich'* furono pesantemente colpiti dal fuoco dell'artiglieria sovietica. Nel corso dei giorni seguenti, tutti gli attacchi sovietici furono respinti davanti a Staraja-Russa e la strada di Schimsk ritornò di nuovo nelle mani dei Tedeschi.

La morsa si stringe

Il 15 gennaio 1942, la *Totenkopf* passò alle dipendenze del *II.Armee-Korps*. Quasi metà dei suoi reparti di fanteria e una gran parte della sua artiglieria, era distaccata in appoggio alla *290.Inf.Division* o impegnata sul fronte di Staraja-Russa. Nel giro di una settimana, la situazione generale si era notevolmente aggravata per i Tedeschi. Più a sud, c'era una breccia

Festung Demjansk!

Reparti della *Totenkopf* in marcia tra le foreste innevate.

Una postazione difensiva tedesca con una *MG-34*, 1942.

Soldati della *Totenkopf* impegnati a trasportare materiali all'interno della sacca, gennaio 1942.

di ottanta chilometri, tra la *16.Armee* e la *9.Armee*, mentre la 1ª armata d'urto sovietica marciava su Cholm. Chiamata a difendere un fronte di novanta chilometri, la *123.Inf.Div.* si dimostrò incapace di tenere le sue posizioni. I resti della *32.Inf.Div.* e quelli della *123.Inf.Div.*, stabilirono allora un nuovo fronte difensivo largo ben 190 chilometri. I reparti sovietici approfittarono della breccia aperta per spingersi verso ovest, impiegando delle brigate sciatori appoggiate da carri, minacciando così le retrovie del *II.Armee-Korps*. A nord di Staraja-Russa, i Sovietici riuscirono a tagliare la linea ferroviaria che portava a Schimsk. A sud-est della città, puntarono verso il Lovat, circondando così il *II.Armee-Korps* e il *X.Armee-Korps*.

Per stabilizzare il fronte a Molwotizy, il *II.Armee-Korps* ritirò delle nuove unità della *Totenkopf* dal fronte del Valdai. Un battaglione misto, agli ordini dell'*SS-Stubaf.* Otto Kron, comandante dell'*SS-T.Flak-Abt.*, fu così gettato in battaglia insieme alla *16.(Pi.)Kp./SS-Tot.Inf.Rgt.1*. Queste due unità riuscirono a respingere tutti gli attacchi dei reparti sovietici fino alla metà di aprile del 1942. La minaccia permanente che gravava sul fianco destro del *II.Armee-Korps*, costrinse quest'ultimo a inviare altre forze tra Staraja-Russa e Demjansk. Il *X.Armee-Korps* inviò ugualmente delle unità verso sud: così, una compagnia motociclisti della *Totenkopf* fu inviata verso Nikolino. Il 20 gennaio, bloccato dall'ordine di Hitler di mantenere le sue posizioni, il *II.Armee-Korps* si ritrovò completamente isolato nell'area di Demjansk, dopo

Festung Demjansk!

che la 27ª armata sovietica aveva tagliato uno degli ultimi collegamenti terrestri con il saliente. Nella sacca, con un perimetro di trecento chilometri, si trovavano il grosso della *Totenkopf*, la *290.Inf.Div.*, la *30.Inf.Div.*, la *12.Inf.Div.*, la *123.Inf.Div.* e la *32.Inf.Div.*, in tutto 96.000 uomini. Queste unità furono subordinate al *II.Armee-Korps* del generale Walter von Brockdorff-Ahlefeldt. Gli elementi della *Totenkopf* che si trovavano a Staraja-Russa, all'esterno della sacca, furono aggregati invece al *X.Armee-Korps*.

A sinistra, il generale von Brockdorff-Ahlefeldt, a destra, reparti della *Totenkopf* in marcia.

Un cannone d'assalto in movimento, 1942.

Una postazione difensiva con una MG-34.

Alla fine del mese di gennaio, i cannoni d'assalto di Meierdress e l'*SS-Kampfgruppe 'Ullrich'*, furono rilevati dal settore di Staraja-Russa, per essere impegnati nell'area di Ramuschewo. Questa località ricopriva un'importanza vitale per i Tedeschi, essendo la principale linea di comunicazione con il saliente di Demjansk. L'*SS-T.Aufkl.-Abt.*, l'*SS-Kampfgruppe 'Wedenig'* e la *1.Kp./SS-T.Pi.-Btl.*, continuarono invece a battersi nella cinta difensiva di Staraja-Russa, fino al 21 marzo 1942. All'inizio di febbraio, l'*SS-Hstuf.* Wedenig, rimase mortalmente ferito in combattimento e fu rimpiazzato alla testa del suo *Kampfgruppe*, dall'*SS-Ostuf.* Ohlmeier[8].

Kampfgruppe 'Moder'

Nella notte dell'11 gennaio 1942, i Sovietici conquistarono il villaggio di Beglowo, a sud-est di Staraja-Russa.

Festung Demjansk!

Soldati tedeschi tra le foreste innevate, gennaio 1942.

Soldati della *Totenkopf* al seguito di un *PzKpfw.III* dell'esercito, gennaio 1942.

Soldati della *Totenkopf* con una MG-34, impegnati in un attacco contro le posizioni sovietiche, 1942.

Su ordine del *X.Armee-Korps*, la divisione *Totenkopf* dovette inviare in quel settore un gruppo da combattimento. Questo *Kampfgruppe* si raggruppò a Weretejka con un freddo spaventoso. Posto agli ordini dell'*SS-Stubaf.* Paul Moder, comandante del *III./SS-T.Art.-Rgt.*, esso comprendeva il *III./SS-Tot.Inf.Rgt.3*, la *Stabs-Bttr./SS-T.Art.-Rgt.*, la *9.Bttr./SS-T.Art.-Rgt.* ed una unità *Flak*. I reparti SS attaccarono il 13 gennaio, muovendo dalle posizioni di Dupljanka e Oljschi. Dopo essere finiti sotto il fuoco dell'artiglieria sovietica, i soldati SS dovettero appiattirsi al suolo, in mezzo alla neve per più di quattro ore, senza potersi muovere. A causa del freddo intenso, si verificarono numerosi casi di congelamento. La posizione di Beglowo, cadde nelle mani tedesche solo dopo duri combattimenti. Il 15 gennaio, il *Kampfgruppe* ricevette l'ordine di riprendere la stazione di Neglowo, situata fuori la località. L'attacco si concluse tragicamente: i reparti SS lamentarono 50 caduti, 80 feriti e 80 evacuati per ferite da congelamento. Il 23 gennaio, un attacco sovietico costrinse il *Kampfgruppe* ad abbandonare Beglowo e Oljschi. Il 26, cadde anche la posizione di Griwka. Malgrado la superiorità numerica dei Sovietici, fu dato l'ordine di riprendere questa località. Il 30 gennaio, due cannoni d'assalto, agli ordini dell'*SS-Ostuf.* Meierdress e qualche motociclista dell'*SS-Kampfgruppe 'Kleffner'*, furono lanciati al contrattacco, muovendo da Gortschizy. L'*SS-Kampfgruppe 'Moder'* dovette ugualmente partecipare all'attacco contro la stessa posizione, muovendo da Dupljanka e Weretejka. Contro tutte le aspettative, il villaggio di Griwka fu riconquistato, con gravi perdite sia per i Sovietici sia per i reparti SS. Il 3 febbraio, l'*SS-Kampfgruppe 'Moder'* fu nuovamente inviato di rinforzo

Festung Demjansk!

alla *290.Inf.Div.*, che aveva abbandonato al nemico il villaggio di Ljubezkoje. La località ritornò nelle mani tedesche grazie al contrattacco lanciato dai reparti della *Totenkopf*. Il 6 febbraio, i Sovietici conquistarono la posizione di Mal. Kalinez, strappata ai reparti della *30.Inf.Div.* Il *X.Armee-Korps*, fece ancora appello all'*SS-Kampfgruppe 'Moder'*, che contrattaccò due giorni più tardi con l'appoggio di un solo carro della *2.Kp./Pz.Rgt.203*. Il villaggio fu riconquistato, ma le SS lamentarono otto caduti, tra i quali lo stesso *SS-Stubaf.* Moder. Il 12 febbraio, i Sovietici riuscirono a circondare nuovamente la posizione. Degli elementi del *Kampfgruppe*, posti sotto la direzione dell'*SS-Ostuf.* Wisheu[9], furono ancora una volta impegnati a liberare il villaggio. Questo ufficiale, che era voluto restare in servizio malgrado la perdita di un braccio durante la campagna di Francia, rimase ucciso alla testa dei suoi uomini, ma la sua unità riuscì comunque a raggiungere la guarnigione.

Postazione difensiva tedesca con una MG-34, gennaio 1942.

Fanteria sovietica all'attacco.

Esploratori a cavallo della *Totenkopf*, gennaio 1942.

Il giorno dopo, 13 febbraio, i Sovietici attaccarono e conquistarono le località di Dupljanka e Tschernaja. Nel corso della notte, i combattimenti si spostarono sulla posizione di Mal. Kalinez, dove solo quattordici superstiti, sui 240 uomini in forza alla guarnigione, riuscirono a fare ritorno alle linee tedesche. Nella giornata del 14, i combattimenti si spostarono allora su Weretejka e Gortschizy, difesa dai resti del *III./SS-Tot.Inf.Rgt.3*. Tutti gli assalti sovietici furono contenuti grazie all'intervento provvidenziale degli *Stukas*. Il 21 gennaio, la *290.Inf.Div.* arretrò la sua linea difensiva nei pressi di Gortschizy. La località andò persa il 23 gennaio 1942,

Festung Demjansk!

dopo furiosi combattimenti corpo a corpo. L'*SS-Kampfgruppe 'Moder'* poteva considerarsi a quel punto disciolto. I quaranta superstiti del *III./SS-T.Inf.Rgt.3* furono quindi integrati nell'*SS-Kampfgruppe 'Kleffner'*, a Wassiljewschtschina.

Soldati della *Totenkopf* durante un ripiegamento, 1942.

SS-Hstuf. Säumenicht.

Un graduato tedesco nella sacca di Demjansk.

SS-Kampfgruppe 'Säumenicht'

Il 12 gennaio, il *X.Armee-Korps* chiese alla *Totenkopf* degli elementi da impegnare subito in prima linea. Due giorni dopo, il 14 gennaio, venne quindi formato un gruppo da combattimento con due compagnie motociclisti, posto agli ordini dell'*SS-Ostuf*. Säumenicht[10]. Al *Kampfgruppe* fu ordinato di raggiungere Jaswy, dove sarebbe stato aggregato al *Gruppe 'Leopold'*, formato da reparti dell'esercito. Nello stesso settore operava anche l'*SS-Kampfgruppe 'Kleffner'*. Il *Gruppe 'Leopold'* attaccò il giorno dopo, muovendo da Redja, lungo la strada che portava a Staraja-Russa. Dopo un buon inizio, l'avanzata dei reparti tedeschi fu bloccata a metà strada da Staraja-Russa. Fu quindi necessario ripiegare su Systschewo e attestarsi in posizione difensiva. I Sovietici presero subito ad attaccare Systschewo, costringendo i reparti tedeschi ad un ulteriore ripiegamento. Degli elementi del *Kampfgruppe* rimasti isolati, riuscirono a raggiungere le linee dell'*SS-Kampfgruppe 'Becker'* a Woskressenskoje. Un'altra parte del *Kampfgruppe* fu annientata durante la manovra di ripiegamento. I pochi superstiti errarono per alcune settimane dietro le linee sovietiche e finirono per raggiungere l'aeroporto di Staraja-Russa, quasi per miracolo.

Festung Demjansk!

Soldati della *Waffen-SS* impegnati a trasportare materiali su speciali slitte per la neve, gennaio 1942.

Reparti della *Totenkopf* in marcia, gennaio 1942.

Una squadra mitraglieri della *Totenkopf*, gennaio 1942.

Il grosso dell'*SS-Kampfgruppe 'Säumenicht'*, riuscì a spingersi verso Subakino, dove liberò un battaglione lavoratori della *Luftwaffe*. Subito dopo, gli fu ordinato di intercettare i movimenti nemici verso il fiume Pola. Il 29 gennaio, i Sovietici conquistarono la posizione di Gonzy e la utilizzarono come base di partenza per un attacco proprio in direzione di Subakino. I reparti SS minacciati di accerchiamento, dovettero quindi ripiegare su Dretenka. In forte inferiorità numerica, per mancanza di veicoli dovettero abbandonare sul posto le loro armi pesanti. Dopo essere passati per Gridino, il 31 gennaio, gli elementi superstiti del *Kampfgruppe* giunsero a Redzy, ricevendo l'ordine di mantenere la posizione a tutti i costi. I Sovietici attaccarono giorno e notte e i reparti SS si ritrovarono ancora una volta tagliati fuori dalle loro linee. Le loro perdite furono elevate. La *Luftwaffe* riuscì a paracadutare dall'alto dei rifornimenti e delle munizioni, anche se in quantità insufficienti. Mancavano anche i medicamenti per i feriti. In queste condizioni, l'*SS-Ostuf*. Säumenicht decise di tentare una manovra di ripiegamento nella notte del 4 febbraio con gli ultimi cento combattenti validi, con l'obiettivo di raggiungere la strada di Ramuschewo. Dopo una marcia spossante, tra la neve profonda e con un freddo intenso, i soldati SS giunsero in

Festung Demjansk!

vista della località. Ma con loro grande dispiacere, scoprirono che la posizione era stata già occupata dai Sovietici. Fu allora deciso di proseguire verso Kobylkino, dove si trovava l'*SS-Kampfgruppe 'Ullrich'*, ma quest'ultimo era rimasto ugualmente circondato da potenti unità sovietiche. Per l'*SS-Ostuf*. Rudolf Säumenicht, sembrava ormai impossibile poter attraversare le linee sovietiche. Decise allora di marciare verso ovest, raggiungendo la strada Tscherentschizy-Onufrijewo. Qui, furono ritrovati i resti di una colonna della *Wehrmacht*, che era stata annientata: la maggior parte dei suoi uomini era stata uccisa con una pallottola nella nuca. Ciò che restava del *Kampfgruppe*, finì per raggiungere le linee tedesche a Welikoje Selo, posizione difesa dall'*SS-Kampfgruppe 'Becker'*.

Un reparto sciatori tedesco penetra in un villaggio russo, gennaio 1942 (NARA).

L'*SS-Hstuf*. Hellmuth Becker.

I soldati erano esausti, numerosi feriti erano morti lungo la strada, soprattutto a causa del freddo. Dopo qualche ora di riposo, i superstiti furono raggruppati a Leuschinka.

SS-Kampfgruppe 'Becker'

Il 16 gennaio 1942, i Sovietici riuscirono a tagliare la strada Staraja Russa-Cholm, tra i fiumi Robja e Porrussja. Dopo numerosi e vani tentativi da parte delle unità del *X.Armee-Korps*, l'*SS-Kampfgruppe 'Becker'*, ricevette l'ordine di lasciare le sue posizioni a nord-ovest di Staraja-Russa, per tentare di liberare la strada. Il gruppo, agli ordini dell'*SS-Ostubaf*. Becker, comprendeva lo *Stab SS-T.Inf.Rgt.3*, il *Kradschützen-Bataillon*, il *IV./Luftwaffen-Feldregiment 3*, il *III./Luftwaffen-Feldregiment 5*, il

Festung Demjansk!

Feldersatz-Bataillon/5.leichte-Division, la *1.Kp./Ski-Bataillon Luftflotte 1*, la *3.Kp./SS-T.Aufkl.-Abt.*, la *4.Bttr./SS-T.Art.-Rgt.* ed elementi della *SS-T.Ski-Kompanie*. Il *Kampfgruppe* mosse all'attacco il 26 gennaio, conquistò la località di Penna e proseguì verso sud, fino a Ssokolowa, conquistata il 2 febbraio. I villaggi investiti nel corso di questa lenta progressione, furono trasformati in punti di appoggio, senza poter assicurare un collegamento continuo tra essi, per mancanza di effettivi. Alcuni di essi ritornarono così nelle mani dei Sovietici. Il *Kampfgruppe* proseguì tuttavia il suo attacco, girando verso est, investendo le seguenti località: Oshedowa Perwaja, Welikoje Selo e Onufrijewa.

Una squadra mortai della *Waffen-SS* circondata da cassette munizioni, gennaio 1942.

Una postazione difensiva tedesca all'interno della sacca.

In questa ultima località, il *Kampfgruppe 'Becker'* annientò il 203° battaglione sciatori sovietico, che lasciò sul terreno ben 441 uomini alla fine della cruenta battaglia. Subito dopo però, il *Kampfgruppe* dovette ripiegare su Ssokolowa a causa della forte pressione nemica. Appena arrivato sulla nuova posizione, fu circondato da numerose forze nemiche che avevano tagliato la strada di Staraja-Russa. I Sovietici attaccarono la fanteria appoggiata da carri. Nel corso dei combattimenti, i reparti tedeschi

Festung Demjansk!

Mitragliere tedesco con una MG-34.

lamentarono più di duecento feriti. Non potendo contare su nessun aiuto dall'esterno, Becker ordinò una manovra di rottura attraverso le linee sovietiche, verso sud. Due *PzKpfw.IV* del *Pz.Rgt.203* marciarono in testa. Fu necessario combattere in ogni villaggio da attraversare. Dopo una estenuante marcia di quattro giorni tra le linee nemiche, senza rifornimenti e portandosi dietro più di trecento feriti, il 13 febbraio, il *Kampfgruppe* riuscì a raggiungere le linee tedesche, a sud di Dretina. Dopo qualche ora di riposo, fu nuovamente impegnato, questa volta nel settore di Kamenka, su entrambi i lati di Astrilowo. I Sovietici attaccarono da sud e da est e il 23 febbraio, riuscirono a conquistare la parte della località difesa dall'*SS-Kampfgruppe Säumenicht*. L'*SS-Kampfgruppe 'Becker'* stabilì delle nuove posizioni difensive tra Isossimowka e Possetschischte, a ovest del fiume Polist. Questa linea difensiva fu mantenuta fino alla fine di marzo. Il 25 marzo, l'*SS-Staf.* Becker assunse il comando del *Sicherungs-Regiment/X.Armee-Korps*.

Note

[1] Eduard Weber, nato il 16 luglio 1911 a Krems, SS-Nr. 276 414. In precedenza aveva servito nella *5./Sta. 'Deutschland'*, come aiutante del *III./SS-Tot.Inf.Rgt.1* e successivamente al comando della *2./SS-Tot.Inf.Rgt.1*.

[2] Adolf Kurtz, nato il 13 maggio 1910 a Schönau/Kassel, SS-Nr. 47 703. In precedenza era stato al comando della *1./SS-Tot.Inf.Rgt.1* e del *III./SS-Tot.Inf.Rgt.1*.

[3] Martin Stange, nato il 30 marzo 1910 a Kiel, SS-Nr. 117 498. In precedenza aveva servito nella *13./Sta. 'Deutschland'*, al comando della *6./Art.Rgt. 'SS-VT'*, della *7./SS-Tot.Art.Rgt.* e del *I./SS-Tot.Art.Rgt.*

[4] Werner Eichert, nato il 18 dicembre 1913 a Nekla, SS-Nr. 37 430. In precedenza aveva servito nella *LSSAH* e poi era passato al comando della *3./SS-Tot.Kradsch.Btl.*

[5] Markus Wedenig, nato il 28 dicembre 1913 a Perlach, SS-Nr. 239 776. In precedenza aveva servito al comando della *7.Kp.* e poi della *10.Kp.* dell'*SS-Tot.Inf.Rgt.2*.

[6] Erwin Meierdreß, nato l'11 dicembre 1916 a Wesel, SS-Nr. 265 243. In precedenza aveva servito nella *13./Sta. 'Der Führer'*, nella *4./Art.Rgt. 'SS-VT'*, come aiutante del *I./SS-Tot.Art.Rgt.* e infine assunse il comando della batteria di cannoni d'assalto della *Totenkopf*.

[7] Hans Konrath, nato il 6 novembre 1915 a Pirmasens, SS-Nr. 353 055. In precedenza era stato ufficiale (NO) presso il *I./SS-Tot.Art.Rgt.*

[8] Heinrich Ohlmeier, nato il 4 novembre 1912 a Blankenese, SS-Nr. 313 351. In precedenza aveva servito al comando della *10./SS-Tot.Inf.Rgt.1*.

[9] Engelbert Wisheu, nato l'8 aprile 1913, SS-Nr. 160 970. In precedenza aveva servito nella *7./SS-Tot.Inf.Rgt.1* e poi nella *3./SS-Tot.Aufkl.-Abt.* Cadde in combattimento a Weretejka il 15 febbraio 1942.

[10] Rudolf Säumenicht, nato il 13 febbraio 1916 ad Amburgo, SS-Nr. 280 134. In precedenza aveva servito nella *5./Sta. 'Germania'*, nella *8./SS-Tot.Inf.Rgt.2* e al comando della *3./SS-Tot.Kradsch.Btl.*

Festung Demjansk!

Cap. II) I combattimenti del Gruppe 'Eicke'

Alla fine di gennaio del 1942, il 1° ed il 2° corpo sovietico della guardia, avanzarono verso sud, muovendo dalle valli del Redja e del Lovat. Il loro obiettivo era quello di tagliare la strada Wassiljewschtschina-Bjakowo-Omytschkino, per isolare il *II.Armee-Korps* dal *X.Armee-Korps*, cosa che gli riuscì il 20 gennaio. Ai Tedeschi rimase così un'unica strada per rifornire il *II.Armee-Korps*, quella che si trovava più a sud, e che passava per Kobylkino e Salutschje. Ma anche questa si ritrovò subito minacciata, poiché l'accerchiamento del *II.Armee-Korps*, si sviluppò anche da sud.

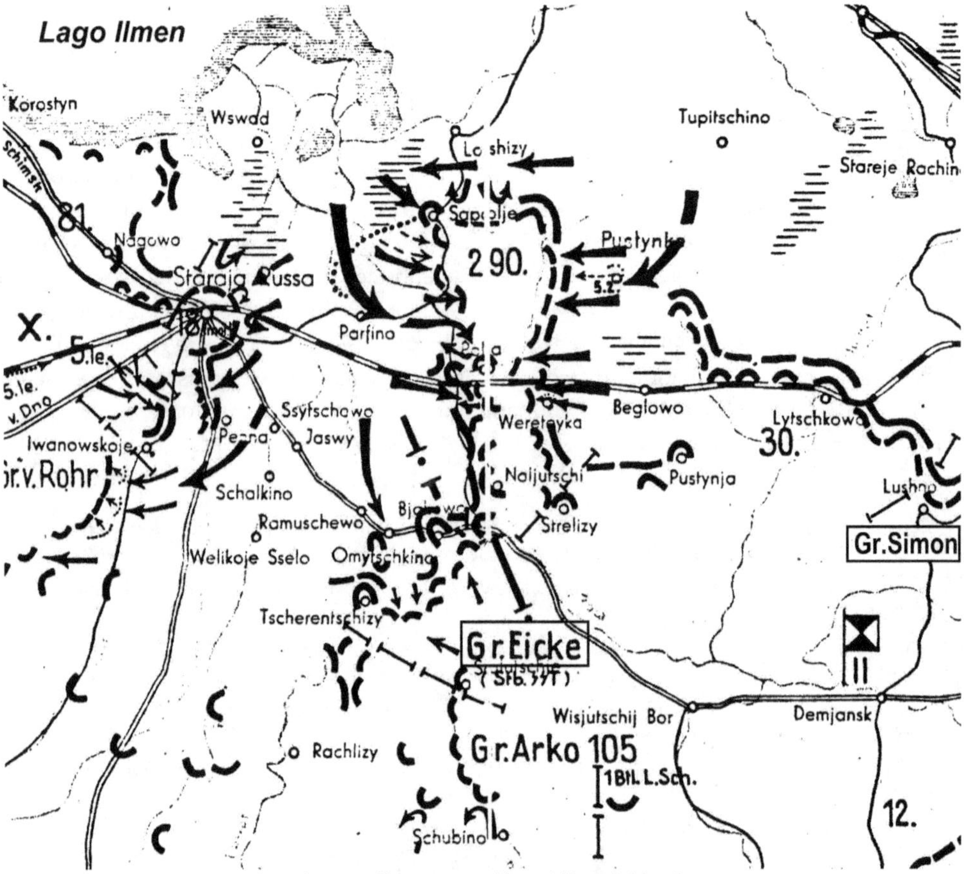

La situazione nella sacca tra il 1 ed il 19 febbraio 1942.

Delle potenti formazioni sovietiche risalirono infatti verso nord-ovest, attraverso le foreste paludose situate a est del Lovat. Il *II.Armee-Korps* e il *X.Armee-Korps* poterono impegnare contro di esse solo degli improvvisati *Kampfgruppen*. Il comando tedesco ordinò inoltre la formazione di un nuovo fronte difensivo, rivolto verso ovest, per fronteggiare le truppe sovietiche che stavano avanzando nelle retrovie del *II.Armee-Korps*. Il 1° febbraio, la posizione di Ramuschewo fu conquistata dai Sovietici e l'*SS-Kampfgruppe Säumenicht* rimase circondato a Redzy. Il 3 febbraio, il generale Brockdorff-Ahlefeldt decise di

Festung Demjansk!

separare in due gruppi, il *Gruppe Eicke* e il *Gruppe Simon*, le unità della *Totenkopf* che si trovavano all'interno della sacca di Demjansk, per impegnarli nei settori più minacciati.

Postazione difensiva tedesca sul fronte di Demjansk, febbraio 1942.

Soldati della *Totenkopf*, febbraio 1942.

Il *Gruppe 'Eicke'* fu inviato a difendere un fronte di 64 chilometri, lungo la linea Wassiljewschtschina – Bjakowo – Kobylkino – Tscherentschizy - Salutschje, all'estremità occidentale della sacca. La sua missione era quella di evitare che i Sovietici, attaccando da ovest, allargassero la breccia che separava il *II.Armee-Korps* dal *X.Armee-Korps*. Eicke aveva a disposizione i seguenti elementi:

- Elementi del reggimento di artiglieria e del battaglione anticarro della *32.Inf.Div.*
- Un battaglione della *30.Inf.Div.* (*I./Inf.Rgt.6*).
- *SS-Kampfgruppe 'Wallner'* a Bol.Dubowizy.
- *SS-Kampfgruppe 'Kleffner'* a Wassiljewschtschina.
- Resti del *III./SS-Tot.Inf.Rgt.3* a Gortschizy.
- *SS-Kampfgruppe 'Meierdress'* a Bjakowo.
- *SS-Kampfgruppe 'Ullrich'* a Kobylkino.
- Elementi del *I./SS-Tot.Inf.Rgt.3* a Tscherentschizy.

Festung Demjansk!

Gennaio 1942: il *Reichsführer-SS* Heinrich Himmler in visita ai reparti della *Totenkopf*. Alla sua sinistra, Theodor Eicke ed alle loro spalle, l'*SS-Ostubaf*. Heinz Lammerding.

Trasporto dei rifornimenti all'interno della sacca di Demjansk a bordo di slitte, 1942.

Il *Gruppe 'Eicke'* contava circa seimila uomini. Più tardi fu rinforzato da alcune compagnie della *30.Inf.Div.*, della *32.Inf.Div.*, della *12.Inf.Div.* e della *123.Inf.Div.* Avendo poche forze a disposizione, Eicke dovette convincersi a organizzare la sua difesa in punti di appoggio isolati. Dallo stato maggiore del *II.Armee-Korps*, giunse un ordine perentorio: "...*I punti di appoggio devono essere mantenuti fino all'ultima cartuccia. Non si potrà interrompere un combattimento o evacuare una posizione senza aver ricevuto l'ordine. L'ufficiale più anziano di ciascun punto di appoggio sarà ritenuto responsabile dell'applicazione di questo ordine. Ciascuna casa e ciascun villaggio che noi evacueremo, dovranno essere bruciati. Solo combattendo in questo modo, batteremo i Sovietici*".

Si chiude la sacca

Il *Kampfgruppe* aveva nelle sue mani il destino dei soldati del *II.Armee-Korps* e del *X.Armee-Korps* e di conseguenza, quello di tutta la *16.Armee*. Theodor Eicke incarnò l'anima della resistenza. Ordinò alle guarnigioni dei punti di appoggio di trincerarsi come meglio potevano. Le SS dovettero scavare le trincee e le buche individuali nel terreno gelato con degli esplosivi. Ma trincerarsi solidamente non bastava per fronteggiare un nemico superiore e appoggiato dai carri. E così, il 6 febbraio, l'*SS-Kampfgruppe 'Ullrich'* si ritrovò isolato a Kobylkino e la battaglia di Tscherentschizy costò pesanti perdite. I Sovietici tentarono di penetrare la linea Bjakowo-Sakorytno-Kulakowo-Tscherentschizy, per poi spingersi verso Salutschje. Ma i reparti SS riuscirono nei giorni successivi a bloccare tutti i tentativi di penetrazione. L'8 febbraio, le avanguardie della 11ª armata e della 1ª armata d'urto sovietiche, stabilirono il collegamento a Kobylkino e verso sera, l'ultima linea di rifornimento per il *II.Armee-Korps*

Festung Demjansk!

fu tagliata: il saliente di Demjansk si trasformò così in una sacca. Hitler mantenne l'ordine per tutte le unità circondate di restare sul posto, nell'attesa che il fronte si stabilizzasse ad ovest del Lovat, promettendo una manovra di rilievo. Inoltre, il maresciallo dell'aria Göring aveva assicurato di poter rifornire per via aerea le forze circondate.

Un posto di osservazione avanzato dell'artiglieria sul fronte di Demjansk (*Charles Trang*).

Arrivo dei rifornimenti nella sacca a bordo di Ju-52.

Postazione difensiva della *Totenkopf* nella sacca, 1942.

Il *Reichsmarschall* tenne fede alla sua promessa nel corso delle due prime settimane: il 22 febbraio, 110 voli portarono 182 tonnellate di viveri e di munizioni e il giorno dopo, si raggiunse un massimo di 286 tonnelate. Nelle settimane successive, il cattivo tempo, l'azione dell'aviazione sovietica, la mancanza di apparecchi disponibili, fecero scendere il livello di approvvigionamento ben al di sotto del minimo richiesto.

Il 9 febbraio, si combatté duramente intorno a Bjakowo, Korowitschina, Kobylkino e Tscherentschizy: quest'ultima località, che controllava la valle del Lovat, costituiva uno dei punti di appoggio più solidi del *Gruppe Eicke*. Era difesa da elementi del *I./SS-T.Inf.Rgt.3*, dalla *6.Kp./Inf.Rgt.46*, dalla *9.Kp./Inf.Rgt.6*, da una batteria

Festung Demjansk!

dell'*SS-T.Art.-Rgt.* e altri reparti. L'11 febbraio, il fronte meridionale del *Gruppe Eicke*, fu minacciato anche nel settore di Salutschje. Eicke chiese allora l'autorizzazione a poter evacuare Kobylkino, per poter lanciare l'*SS-Kampfgruppe Ullrich* al contrattacco, ma il *II.Armee-Korps* organizzò la difesa di Salutschje, chiedendo alla *30.Inf.Div.*, alla *32.Inf.Div.* e alla *123.Inf.Div.*, di mettere ciascuna una compagnia a disposizione del *Gruppe Eicke*.

Soldati della *Totenkopf* si preparano ad entrare in combattimento.

Otto Baum.

Postazione difensiva della *Totenkopf*, febbraio 1942.

Una MG-34 al riparo di un bunker ricoperto di neve.

Queste tre compagnie furono poste sotto il comando dello stato maggiore del *II./SS-Tot.Inf.Rgt.3* e andarono a formare l'*SS-Kampfgruppe Baum*. Inoltre, il *IV./SS-T.Art.-Rgt.* formò una batteria da combattimento (*Gefechtsbatterie*), agli ordini dell'*SS-Ustuf.* Straatmann[1], con tre pezzi della *10.*, *11.* e *12.(s.)Bttr*. Il 15 febbraio, un *Kampfgruppe* costituito da sei compagnie, agli ordini dell'*SS-Hstuf.* Ernst Häussler, comandante della *5.Kp./SS-Tot.Inf.Rgt.1*, fu inviato su Wersch.Sonsnowka, a sud di Salutschje, per tentare di ritardare l'avanzata dei sovietici e permettere così l'organizzazione delle posizioni difensive a Salutschje. I Sovietici attaccarono senza sosta le località d Kobylkino e Tscherentschizy, con reparti di fanteria e carri. A Kobylkino, la situazione continuò a deteriorarsi. Il 22 febbraio, dopo aver opposto una

Festung Demjansk!

SS-Stubaf. Karl Ullrich (BDC).

SS-Stubaf. Franz Kleffner (BDC).

strenua resistenza, l'*SS-Kampfgruppe Ullrich*, abbandonò la località e ripiegò su Tscherentschizy. In quella stessa giornata, il generale Brockdorff-Ahlefeldt riportò nel diario di guerra del corpo: "...*Il Gruppe Eicke si è battuto valorosamente. Ai miei occhi, gli uomini di Kobylkino e Wassiljewschtschina e i loro comandanti, l'*SS-Stubaf*. Ullrich e l'*SS-Stubaf*. Kleffner, sono degli eroi*". Poche ore dopo, nella stessa giornata, fu la posizione di Tscherentschizy ad essere abbandonata: la guarnigione ripiegò verso il settore di Salutschje. I pionieri SS furono rinforzati da diverse unità e Karl Ullrich riorganizzò il suo *Kampfgruppe* su due battaglioni, agli ordini degli *SS-Hstuf.* Dörner e Krauth. I Sovietici attaccarono le posizioni dell'*SS-Kampfgruppe Häussler* a Werch.Sosnowka: i reparti SS mantennero le posizioni fino al 25 febbraio, quando ripiegarono verso Salutschje. L'*SS-Hstuf.* Häussler rimase gravemente ferito durante la manovra e dovette essere evacuato. Verso la fine di febbraio, i Sovietici intensificarono i loro sforzi per tentare di annientare la sacca di Demjansk, prima che i Tedeschi potessero lanciare una operazione di rilievo. Tuttavia, le forze assediate tennero bene, malgrado il freddo, la neve, le privazioni e l'intenso fuoco di bombardamento del nemico.

La Situazione nel settore Kobylkino-Korowitschino

L'*SS-Kampfgruppe Ullrich*, comprendente il grosso dell'*SS-T.Pi.-Btl.*, la *16.(Pi.)Kp./SS-T.Inf.Rgt.1*, la *8.Bttr./SS-T.Art.-Rgt.* e una *Flakkampftrupp* dell'*SS-T.Flak-Abt.*, difendeva il settore di Kobylkino. Karl Ullrich aveva ricevuto l'ordine di mantenere a tutti i costi questa unica testa di ponte sul Lowat, dalla quale passava la strada che portava a Staraja-Russa. Essa rappresentava per il *II.Armee-Korps*, la sua unica possibilità di attraversare il fiume. Proprio a sud di Kobylkino si trovava Korowitschino, difesa dall'*SS-Kampfgruppe 'Seela'*, comprendente la *3.Kp./SS-T.Pi.-Btl.*, la *Brücko/SS-T.Pi.-Btl.* ed elementi isolati della

Festung Demjansk!

12.Inf.Div. e della *123.Inf.Div.* I Sovietici attaccarono senza sosta. Le SS non potevano replicare al fuoco dell'artiglieria sovietica, le loro armi pesanti mancavano di munizioni. Il 9 febbraio, i Sovietici tagliarono i collegamenti tra Kobylkino e Tscherentschizy. Furono inviate delle pattuglie per ripristinare i collegamenti, ma senza successo. L'11 febbraio, i reparti SS dovettero respingere un massiccio attacco nemico appoggiato dai carri. I soldati tedeschi riuscirono a respingere i Sovietici che lasciarono sul campo duecento caduti.

Un *PzKpfw.III* seguito da reparti di fanteria tedesca all'interno della sacca di Demjansk.

Un gruppo di soldati della *Totenkopf*.

Questi terribili assalti si ripeterono per ben quattro volte nel corso della giornata. Nella notte tra il 15 e il 16 febbraio, l'*SS-Stubaf*. Ullrich tentò una manovra di rottura verso Tscherentschizy per permettere l'evacuazione dei feriti: l'azione fallì a circa un chilometro dall'obiettivo. Il 20 febbraio, un nuovo tentativo fu coronato da successo e settanta feriti gravi poterono essere trasportati attraverso le linee sovietiche. Nella serata del 22 febbraio, il punto di appoggio venne finalmente evacuato. Il collegamento con la guarnigione di Tscherentschizy si realizzò il 23 febbraio.

Croce di Cavaliere per Ernst Stäudle

Il 26 febbraio, dopo l'abbandono della posizione di Kobylkino, i reparti sovietici

Festung Demjansk!

Ernst Stäudle con i gradi di *Unterscharführer*.

Fanteria sovietica all'attacco, febbraio 1942.

proseguirono la loro avanzata, penetrando profondamente tra le posizioni tedesche. Per fermarli, era assolutamente necessario stabilire subito un nuovo fronte difensivo e richiedere l'intervento delle armi pesanti. L'*SS-Oberscharführer* Ernst Stäudle[2] era stato distaccato come osservatore avanzato dell'*8.Bttr./SS-T.Art.-Rgt.*: nella notte tra il 26 e il 27 febbraio, si ritrovò nascosto in una delle case del piccolo villaggio di Schumilkino, sperduto nell'immensa pianura innevata. La posizione fu attaccata dai reparti sovietici, dopo un massiccio fuoco di sbarramento della loro artiglieria. I fanti sovietici giunsero ad una cinquantina di metri dalle case di Schumilkino, difese ormai solo da un pugno di uomini ancora in grado di battersi. Furono inviati di rinforzo degli elementi di un battaglione di costruzione, ma appena giunsero sul posto, scapparono terrorizzati alla sola vista dei soldati sovietici. Malgrado fosse rimasto ferito ad un braccio e ad una gamba, l'*SS-Oscha.* Stäudle, si mise alla testa dei pochi superstiti e comandò il fuoco contro le masse compatte della fanteria sovietica, avendo come unica arma pesante, un pezzo *Flak* da 37mm. Proprio il fuoco del pezzo *Flak*, permise di respingere l'attacco sovietico e allentare la minaccia sulle retrovie della guarnigione di Salutschje. L'*SS-Oscha.* Stäudle senza più forze e gravemente ferito, venne alla fine evacuato verso le retrovie per essere medicato. Già decorato con entrambe le classi della Croce di Ferro, il 10 aprile 1942 Stäudle fu decorato con la Croce di Cavaliere. Debilitato per le gravi ferite riportate, Stäudle non potè fare ritorno alla sua unità, dopo la lunga convalescenza fu trasferito alla Scuola di artiglieria SS di Beneschau nel Protettorato di Boemia e Moravia.

Festung Demjansk!

Croce di Cavaliere per Max Seela

Il 1° marzo 1942, il comandante della *Totenkopf*, raccomandò Max Seela per la Croce di Cavaliere, per il suo eroismo e il suo valore dimostrato in battaglia. La decorazione gli fu concessa ufficialmente il 3 maggio 1942. Leggiamo la raccomandazione, scritta dallo stesso comandante della *Totenkopf*, l'*SS-Gruf.* Theodor Eicke: "...*L'SS-Hauptsturmführer Seela al ritorno a Staraja Russa, agli inizi di gennaio, dopo un periodo di convalescenza, è entrato subito in azione e con una compagnia ha difeso la località di Lipowitzy, situata a sud-est di Staraja Russa. Dopo la rottura del fronte da parte dei sovietici lungo il Lowat, alla fine di gennaio, l'SS-Hstuf. Seela ha combattuto nell'ambito del Gruppe Ullrich e ha difeso la località di Korowitschina, fino al 24 febbraio 1942. Sebbene i Sovietici avessero attaccato con numerosi carri appoggiati dal violento fuoco dell'artiglieria e dell'aviazione, con l'intenzione di conquistare il settore meridionale della località, l'SS-Hstuf. Seela ha impedito la penetrazione dei reparti nemici nella località e la conquista del ponte sul Lovat, dopo un eroico combattimento. Nonostante le pesanti perdite e la mancanza di adeguati rifornimenti per via aerea al gruppo ormai circondato, l'SS-Hstuf. Seela ha spronato sempre i suoi uomini ormai stanchi, a perseverare e a rispondere con contrattacchi agli assalti sovietici portati da ben tre lati. Quando il 24 febbraio 1942, è giunto l'ordine di ritiro per il gruppo da combattimento circondato, l'SS-Hstuf. Seela, sebbene ferito, ha condotto la ritirata della retroguardia portandola sulla nuove posizioni. Chiedo, che all'SS-Hauptsturmführer Seela venga conferita la Croce di Cavaliere della Croce di Ferro, in apprezzamento per il suo eroico comportamento e al successo dei combattimenti sostenuti sopra citati*".

SS-Hstuf. Max Seela con la Croce di Cavaliere.

Soldati tedeschi vicino ad un KV-1 distrutto, 1942.

Festung Demjansk!

La battaglia per Bjakowo

Il 31 gennaio 1942, mentre i due cannoni d'assalto agli ordini dell'*SS-Ostuf.* Meierdress marciavano verso Jaswy, giunse il seguente messaggio al comandante del reparto: "*...Ramuschewo è caduta in mano ai Sovietici!*". Meierdress fece posizionare i suoi *StuG* a difesa di Bjakowo e recuperò tutti gli uomini nel settore capaci di maneggiare un'arma: c'erano elementi di un battaglione lavoratori e di un battaglione di polizia, in tutto novanta uomini non istruiti al combattimento, scarsamente armati ed equipaggiati, pieni di freddo e di paura. Appena fece buio, i Sovietici attaccarono muovendo dai boschi a est di Omytschkino. Il chiarore della

Cannoni d'assalto in movimento nell'area di Jaswy.

luna illuminò il campo di battaglia e permise ai difensori di inquadrare e colpire meglio gli attaccanti con il fuoco delle loro armi. Un *PzKpfw.III* del *Pz.Rgt.203* si trovava a nord del villaggio e i suoi tiri precisi allentarono notevolmente la pressione sulla guarnigione. Un tentativo di contrattacco da parte dei Tedeschi fu bloccato all'interno dei boschi.

Uno *StuG.III* impegnato in combattimento alla periferie di un villaggio, febbraio 1942.

L'*SS-Kampfgruppe 'Meierdress'* si attestò allora in posizione difensiva dentro Bjakowo. La località era situata su una piccola altura, lungo la strada Wassiljewschtschina-

Festung Demjansk!

Omytschkino e rappresentava dunque un obiettivo di primaria importanza per i Sovietici nella prospettiva del proseguimento della loro offensiva verso l'interno della sacca. Dal 2 febbraio, ripresero gli attacchi: il cannone d'assalto di Erwin Meierdress intervenne prontamente costringendo i Sovietici a ripiegare. Il giorno dopo, fu respinto un nuovo assalto. Tuttavia, Meierdress sapeva benissimo che non poteva resistere a lungo e urgevano rinforzi. E fu così che chiese aiuto all'*SS-Stubaf.* Kleffner, che gli inviò da Wassiljewschtschina, elementi del plotone pionieri dell'*SS-T-Kradsch.-Btl.*, elementi della *2.Kp./SS-T.Kradsch.-Btl.*, un plotone trasmissioni, trenta soldati in permesso della *Totenkopf*, una squadra mortai della *15.Kp./SS-T.Inf.Rgt.3* e due osservatori di artiglieria della *30.Inf.Div.* e della *Totenkopf*. Così rinforzata la guarnigione arrivò a contare 120 uomini.

Soldati tedeschi su una postazione difensiva all'interno della sacca, febbraio 1942.

Reparti di fanteria tedesca in marcia, febbraio 1942.

Il 4 febbraio, i Sovietici lanciarono un attacco da nord, da est e da ovest: i due *StuG.III* si lanciarono contro gli attaccanti, infliggendo loro pesanti perdite. I Sovietici furono così respinti. L'artiglieria nemica prese subito a colpire la località. Il 19 febbraio, alcuni *Heinkel 111* lanciarono delle bombe sulle posizioni sovietiche e questo risollevò il morale dei difensori. I Sovietici reagirono attaccando con i carri. Numerosi *T-34* riuscirono a penetrare dentro il villaggio, ma senza fanteria al seguito, furono distrutti uno ad uno, a distanza ravvicinata con le mine magnetiche. Il 1° marzo, i Sovietici completarono l'accerchiamento di Bjakowo. Il 4 marzo, le munizioni si esaurirono e non c'erano più riserve di cibo. Meierdress chiese aiuto via radio! Qualche ora più tardi, degli *Heinkel 111* lanciarono su Bjakowo dei contenitori pieni di viveri e di munizioni. La situazione restò tuttavia critica, soprattutto per i feriti, lasciati a soffrire senza adeguate cure mediche. Il 7 marzo, il secondo e ultimo cannone d'assalto andò perduto. L'*SS-Ostuf.* Meierdress rimase così senza più armi pesanti. Il giorno dopo, i Sovietici colpirono Bjakowo con il fuoco di tutte

Festung Demjansk!

le loro armi pesanti. La guarnigione tedesca contava ormai solo 56 uomini ancora in grado di battersi. Il 10 marzo, i Sovietici attaccarono da nord, nord-est e ovest: furono respinti, perdendo almeno duecento uomini. Poche ore più tardi tentarono un nuovo assalto, ma furono ancora respinti, lasciando sul terreno altri 150 caduti.

Un cannone d'assalto seguito da alcuni soldati SS.

Un soldato tedesco.

L'*SS-Ostuf*. Meierdress con la *Ritterkreuz*.

Il 12 marzo, Meierdress rimase gravemente ferito, ma continuò a guidare i suoi uomini. Il giorno dopo, un *Fieseler Storch* atterrò a sud di Bjakowo. Il suo pilota aveva l'ordine di riportare Meierdress nelle retrovie. Questi si rifiutò di abbandonare i suoi uomini, ma alla fine fu imbarcato con la forza sull'aereo. Per il valore dimostrato sul campo di battaglia, l'*SS-Ostuf*. Meierdress fu decorato con la Croce di Cavaliere il 13 marzo 1942. Leggiamo il testo della raccomandazione per la concessione della *Ritterkreuz*, scritto dall'*SS-Gruf*. Theodor Eicke: "... *L'SS-Obersturmführer Meierdrees*[3], *comandante della* Sturmgeschütz Batterie *della* SS-Totenkopf Division, *ha partecipato alla campagna di Polonia, alla campagna occidentale e alla campagna contro l'Unione Sovietica. Il 15.11.1939 è stato decorato con la Croce di Ferro di Seconda Classe e il 15.1.42, con quella di Prima. L'irruzione dei Sovietici nell'area a sud di Staraja Russa, all'inizio di gennaio 1942, è stata contrastata da Meierdress, del* Kampfgruppe Bochmann, *posto a nord e sud-est di Staraja Russa. Questi ha portato contro il nemico decisi attacchi, innescando duri combattimenti che hanno causato al nemico pesanti perdite. L'SS-Ostuf. Meierdrees, dopo la perdita del comandante del* Kampfgruppe, *ha radunato gli uomini dei reparti e ha organizzato la difesa della località di Bjakowo, situata lungo la linea ferroviaria Staraja Russa -*

Festung Demjansk!

Demjansk. A partire dalla fine di gennaio, Meierdress ha continuato a mantenere la posizione, malgrado fosse circondato da tutti i lati, riuscendo a respingere con violenti ma eroici combattimenti difensivi, i continui attacchi del nemico. Ogni volta che le forze sovietiche hanno tentato di irrompere nella località, con l'appoggio dell'aviazione e dei mezzi corazzati, si sono sviluppati violenti combattimenti ravvicinati, dove gli uomini al comando dell'SS-Ostuf. Meierdrees, hanno espresso un inaudito e ardito valore. Con pesanti perdite, il nemico è stato costantemente rigettato indietro. I difensori di Bjakowo sono ancora lì con il loro eroico comandante. Tenere la località, facente parte della fortezza di Demjansk, ha avuto un significato decisivo, poiché la perdita di questa località, avrebbe concesso ai Sovietici, un altro tratto della linea ferroviaria e li avrebbe portati ad essere molto più vicini a Gortschizy".

Soldati tedeschi ispezionano un KV-1 distrutto.

Soldati tedeschi ed un T-34 distrutto.

Soldati tedeschi in marcia tra le foreste innevate.

L'*SS-Ustuf.* Wissebach[(4)] assunse quindi il comando della guarnigione di Bjakowo. Il 14 marzo, i reparti sovietici riuscirono ad investire una parte del villaggio. Wissebach chiese inutilmente dei rinforzi, ma subito dopo mezzogiorno, i Sovietici ripresero i loro attacchi. Il 16 marzo, dopo un nuovo bombardamento della loro artiglieria, i Sovietici attaccarono con i carri, riuscendo a penetrare nel villaggio. Seguirono duri combattimenti nel corso dei quali anche l'*SS-Ustuf.* Wissebach rimase gravemente ferito. Un *Feldwebel* del battaglione lavoratori e l'*SS-Uscha.* Meguscher, furono impegnati a guidare gli ultimi superstiti. Alla fine, tre carri sovietici furono messi fuori combattimento a distanza ravvicinata e gli altri ripiegarono. Verso sera, i Tedeschi abbandonarono la posizione di Bjakowo e mossero in direzione di Moklokowo: 85 uomini riuscirono a raggiungere le linee tedesche.

Festung Demjansk!

La battaglia per Wassiljewschtschina

Dopo la caduta di Bjakowo, il prossimo obiettivo dei Sovietici diventò il villaggio di Wassiljewschtschina, il principale punto difensivo del settore settentrionale della sacca di Demjansk. Situato sulla strada di Staraja-Russa, era difeso dall'*SS-Kampfgruppe 'Kleffner'*, che disponeva dei seguenti elementi: stato maggiore ed elementi della 1. e della *2.Kp./SS-T.Kradsch.-Btl.*, resti del *III./SS-T.Inf.Rgt.3*, la *2.Bttr./Art.-Rgt.230*, due pezzi della *5.Bttr./Art.-Rgt.30*, un pezzo *Flak* ed elementi isolati dell'esercito e della *Totenkopf*. Al 10 febbraio 1942, i suoi effettivi erano di 359 uomini. Il *Kampfgruppe* era in collegamento con il *Gruppe 'Eicke'* attraverso Bol.Dubowizy, dove si batteva il *Kampfgruppe* dell'*SS-Ostuf*. Ernst Wallner, comprendente una cinquantina di uomini. Verso la metà di febbraio, fu stabilito il collegamento con l'*Inf.Rgt.501*, sul fronte del fiume Pola. I Sovietici attaccarono il punto di appoggio a partire dal 1° febbraio, con due battaglioni sciatori. I reparti sovietici subirono pesanti perdite e lanciarono in battaglia i reparti corazzati. Ma incontrarono un formidabile cacciatore di carri, l'*SS-Sturmmann* Hermann Mangold, della *5.Kp./SS-T.Kradsch.-Btl*, che distrusse da solo almeno otto *KV-1* con le mine magnetiche. Oltre ad ottenere ben otto distintivi per distruttore di carri, Mangold fu decorato anche con la Croce di Ferro di Prima

Soldati tedeschi al riparo di un carro distrutto.

Soldati tedeschi tra le carcasse di carri nemici, 1942.

Una MG-34 servita da soldati della *Totenkopf*, 1942.

Festung Demjansk!

Classe. Nel frattempo la battaglia continuò: la conquista di Wassiljewschtschina, avrebbe permesso ai Sovietici di attaccare da ovest tutta la sacca di Demjansk. I difensori continuarono a tenere le loro posizioni malgrado le pesanti perdite. I Sovietici giunsero più volte a pochi metri dalle linee tedesche: tutti i loro attacchi furono respinti, spesso dopo combattimenti corpo a corpo. Frustrati dai continui insuccessi, alla fine i Sovietici si convinsero ad allentare la loro pressione in questo settore.

Avamposto tedesco alla periferia di un villaggio, 1942.

Soldati tedeschi in trincea.

Soldati della *Totenkopf* impegnati in combattimento.

La battaglia per Kalitkino

Alla fine di gennaio del 1942, la *1.Kp./SS-T.Inf.Rgt.3* lasciò il settore di Lushno per trasferirsi tra Sakorytno, Demidowo e Kalitkino. Il 12 febbraio, i Sovietici attaccarono lungo le sponde del fiume Robja, spingendosi verso Kalitkino. Situato nell'angolo nord-ovest della sacca di Demjansk, in questo punto di appoggio si erano raggruppati i superstiti dei primi scontri provenienti da diversi reparti: oltre ai fucilieri della *1.Kp./SS-T.Inf.Rgt.3*, anche serventi dei pezzi anticarro della *14.Kompanie* e soldati di un battaglione di costruzione dell'esercito. La loro posizione era incuneata all'interno delle linee nemiche e si ritrovò sotto continuo

Festung Demjansk!

attacco. L'*SS-Ostuf*. Sellmann[5], comandante della *1.Kp./SS-T.Inf.Rgt.3*, rimase ucciso nel corso dei primi combattimenti difensivi. I Sovietici attaccarono nuovamente il villaggio nel corso della giornata: secondo una tattica già collaudata, la loro artiglieria colpiva la posizione e la loro fanteria si lanciava subito dopo all'attacco. Le loro perdite furono comunque enormi. Per sopperire alla mancanza di munizioni, i soldati SS recuperarono le armi dai caduti sovietici, soprattutto quelle automatiche. Le perdite anche per i reparti SS iniziarono però a farsi pesanti. Nella notte tra il 13 e il 14 febbraio, un battaglione sovietico attaccò dai boschi situati a ovest di Kalitkino, ma fu respinto. La calma ritornò per un paio di settimane e questo permise l'arrivo di una sessantina di uomini di rinforzo.

Un pezzo di artiglieria tedesca impegnato nella sacca di Demjansk, febbraio 1942.

Soldati tedeschi preparano ordigni incendiari.

Il 2 marzo, i Sovietici ritornarono ad attaccare, questa volta impegnando maggiori forze: furono però respinti ancora. Per tutto il mese di marzo, i Sovietici tentarono di tagliare i collegamenti del punto di appoggio. Ogni giorno dovettero essere colmate nuove brecce e le perdite dei difensori continuarono ad aumentare. L'*SS-Ustuf*. Glimm[6], subentrato al comando della compagnia dopo la morte dell'*SS-Ostuf*. Sellmann, rimase ferito gravemente nel corso degli scontri e fu rimpiazzato prima dall'*SS-Ustuf*. Otto Karthaus e poi a partire dalla metà di marzo, dall'*SS-Ostuf*. Richter[7], comandante di plotone nella batteria di cannoni d'assalto della *Totenkopf*. Il 5 aprile, i Sovietici colpirono Kalitkino con i i loro 'organi di Stalin' e attaccarono da nord, con sedici carri e la fanteria. Tutti i pezzi anticarro tedeschi furono distrutti nel corso della furiosa battaglia, con i reparti nemici a ridosso delle posizioni difensive. In quel momento, l'*SS-Ostuf*. Richter si trovava al suo posto di comando con l'osservatore di artiglieria della guarnigione, l'*SS-Oscha*. Speck.

Festung Demjansk!

L'*SS-Ostuf*. Wilfried Richter con la *Ritterkreuz*.

Un pezzo anticarro da 37mm su una postazione difensiva sul fronte di Demjansk, marzo 1942.

"*Siete in contatto radio con la vostra batteria?*", chiese Richter.

"*Certamente Obersturmführer*", rispose l'*SS-Oberscharführer*.

"*Allora, autorizzate il fuoco diretto sulle nostre posizioni*", ordinò Richter.

"*Ma le occupiamo ancora noi, Obersturmführer*", rispose preoccupato l'osservatore.

Richter fu impassibile: "*...anche i Sovietici! Solo così possiamo sbarazzarci di loro, altrimenti finiremo annientati!*".

L'*SS-Oscha*. Speck trasmise l'ordine e pochi minuti dopo i primi colpi di obice iniziarono a piombare sulle posizioni di Kalitkino, alcuni direttamente sui carri sovietici, seminando il panico tra i reparti nemici. Quando il bombardamento dell'artiglieria cessò, tutti gli uomini validi furono inviati al contrattacco. Dopo un furioso combattimento corpo a corpo, i Sovietici ripiegarono: undici carri nemici furono distrutti. Le posizioni perse qualche ora prima, furono riconquistate una dopo l'altra. Ma anche le perdite dei Tedeschi furono elevate e restarono solo 42 uomini ancora in grado di battersi. Alla fine della giornata giunsero rinforzi: la compagnia *'Peters'* della *290.Infanterie-Division*, proveniente da Demidowo. Il 6 aprile, i Sovietici lanciarono un nuovo assalto che fu respinto senza troppi problemi. Dopo qualche giorno di calma, gli attacchi ripresero il 12 aprile, ma ancora con scarsi risultati e senza troppo successo. I resti dell'*SS-Kampfgruppe 'Richter'*, furono quindi rilevati dalla posizione alla fine del mese. Per la difesa di Kalitkino, il 21 aprile 1942, l'*SS-Ostuf*. Wilfried Richter fu decorato con la Croce di Cavaliere e promosso al grado di *Hauptsturmführer*.

I combattimenti dell'SS-Kampfgruppe 'Simon'

L'*SS-Oberführer* Max Simon con la *Ritterkreuz*.

Le unità della *Totenkopf* rimaste nel settore di Lushno, furono poste agli ordini dell'*SS-Obf.* Max Simon, comandante dell'*SS-T.Inf.Rgt.1*. Il compito del *Kampfgruppe* era quello di respingere gli assalti della 34ª Armata sovietica, il cui obiettivo era quello di penetrare nella sacca, prendere il controllo dell'aereoporto di Demjansk e tagliare la parte occidentale della sacca dalle sue basi di rifornimento. Questo avrebbe significato la fine del *Kampfgruppe Eicke*, di tutti gli altri reparti della *Totenkopf* e delle divisioni di fanteria dell'esercito. L'esistenza dell'intero *II.Armee-Korps* dipendeva dalla resistenza dell'*SS-Kampfgruppe Simon*. La partenza dei vari *Kampfgruppen* non era stata compensata da un accorciamento del fronte difensivo. L'*SS-Obf.* Simon dovette organizzare delle unità di fanteria con degli artiglieri, degli autisti, dei meccanici e degli uomini dell'intendenza. Inoltre dei *Jagdkommandos* ed una compagnia sciatori, diretti dall'*SS-Ostuf.* Schassberger[8], furono impegnati nelle retrovie del fronte, soprattutto a partire dal mese di marzo, quando i Sovietici lanciarono delle truppe la sacca: tre brigate paracadutisti, impegnate soprattutto ad attaccare la zona dell'aeroporto di Demjansk. Lungo il fronte difensivo dell'*SS-Kampfgruppe 'Simon'*, le cui unità

Una MG-34 in configurazione leggera con caricatore circolare, su una postazione difensiva della *Totenkopf*.

principali erano il *II./SS-T.Inf.Rgt.3* dell'*SS-Hstuf.* Launer[9] e il *III./SS-T.Inf.Rgt.1* dell'*SS-Stubaf.* Schubach[10], i Sovietici schieravano cinque divisioni fucilieri. Nel corso dei mesi di gennaio e febbraio, i Sovietici tentarono continuamente di penetrare la linea del fronte o di annientare i vari punti di appoggio difesi dai reparti tedeschi. Verso la metà di marzo, per

Festung Demjansk!

coordinare i loro attacchi con quelli delle brigate paracadutiste all'interno della sacca, i Sovietici intensificarono la loro pressione. Furono i reparti della *30.Infanterie-Division*, dislocati a sinistra dell'*SS-Kampfgruppe 'Simon'*, a subire il maggior peso dell'attacco.

Una posizione difensiva della *Totenkopf* sul fronte di Demjansk (*Collezione Charles Trang*).

Addetti alle comunicazioni della *Waffen-SS* al lavoro.

L'*SS-Kampfgruppe 'Simon'* dovette allora non solo continuare a difendere i suoi venticinque chilometri di fronte tra Lushno e Kirillowschtschina, ma nello stesso tempo dovette anche assicurare la difesa dei venti chilometri della *Rollbahn*, tra Lushno e Tschitschilowo. Il 9 aprile 1942, il disgelo trasformò il settore in una immensa palude. Il 26, quando fu ristabilito il collegamento tra il *II.Armee-Korps* e il *X.Armee-Korps*, l'*SS-Kampfgruppe 'Launer'* fu inviato di rinforzo al *Gruppe Eicke*. Il suo settore fu assegnato al *III./SS-T.Inf.Rgt.1*. Il fianco destro del *Gruppe 'Simon'* era ora difeso dall'*SS-Kampfgruppe 'Schulze'*, comprendente principalmente il *II./SS-T.Inf.Rgt.1*. Il 5 maggio 1942, i Sovietici passarono

Festung Demjansk!

Preparazione bottiglie Molotov.

all'attacco nel settore di Kirillowschtschina con i carri e la fanteria. La situazione si fece subito critica, in particolare per gli avamposti dei reparti SS a Ssuschaja Niwa. La *11.* e la *12.Bttr./SS-T.Art.-Rgt.* intervennero allora in appoggio alla fanteria e riuscirono a distruggere una decina di carri. I Sovietici rinnovarono i loro attacchi l'8 maggio, perdendo altri otto carri. Il giorno dopo ancora una dura battaglia: due reggimenti sovietici furono massacrati sulle loro posizioni di partenza dall'artiglieria SS. La risposta sovietica fu terribile, un uragano di fuoco si rovesciò sulle posizioni tedesche. Dal 10 maggio, ritornò la calma. Nella notte tra il 21 al 22 maggio, ripresero gli scontri e tutti gli avamposti furono perduti dai reparti SS. Due compagnie dell'esercito furono inviate di rinforzo e posti sotto il comando dell'*SS-Stubaf.* Schubach che prese in carico il settore di Kirillowschtschina. I Sovietici utilizzarono una batteria pesante su rotaia, che tirava da una notevole distanza e quindi non poteva essere minacciata dai pezzi della divisione. I combattimenti diminuirono di intensità a partire dal 23 maggio. Il 30 maggio, i reparti superstiti dell'*SS-Kampfgruppe 'Simon'* iniziarono ad essere rilevati da quelli della *30.Inf.Div.* La *Totenkopf* contava in quel momento 225 ufficiali, 722 sottufficiali e 5.779 soldati, per un totale di 6.726 uomini. Il rilievo dell'*SS-Kampfgruppe 'Simon'*, si realizzò solo il 20 giugno 1942. Tuttavia, il *III./SS-T.Inf.Rgt.1*, degli elementi dell'*SS-T.Pz.Jg.-Abt.* e la *11.* e *12.Bttr./SS-T.Art.-Rgt.*, restarono impegnati nel settore del Valdai, aggregati alla *30.Inf.Div.*

Note

[1] Werner Straatmann, nato il 7 marzo 1916 a Holterfehn, SS-Nr. 312 100. In precedenza aveva servito nella *9./LSSAH* e nella *11./SS-Tot.Art.Rgt.*

[2] Ernst Stäudle, nato il 6 giugno 1913 a Heidenheim, SS-Nr. 226 097.

[3] Nella documentazione ufficiale il cognome è riportato come Meierdrees e non Meierdress come riportato normalmente dalla maggior parte dei testi scritti dopo la guerra sulla divisione.

[4] Hans Wissebach, nato il 19 ottobre 1919 a Marburg/Lahn, SS-Nr. 363 276. In precedenza aveva servito nella *8./LSSAH* e nella *15./SS-Tot.Inf.Rgt.1*.

[5] Kurt Sellmann, nato il 3 gennaio 1915 a Lengefeld/Thür, SS-Nr. 261 360. In precedenza aveva servito nella *3.SS-Sta. 'Thüringen'*.

[6] Ottomar Glimm, nato il 21 agosto 1919 a Halle/Saale, SS-Nr. 361 398.

[7] Wilfried Richter, nato il 9 maggio 1916 a Pforzheim, SS-Nr. 279 192. In precedenza aveva servito nella *15./Standarte 'Deutschland'* e dopo il corso ufficiali presso la *SS-Junkerschule* di Braunschweig fu assegnato alla *Totenkopf* e successivamente assegnato alla *Stug.Batterie*.

[8] Friedrich Schaßberger, nato il 21 agosto 1915 a Monaco, SS-Nr. 275 525. Serviva come ufficiale di stato maggiore nel *II./SS-Tot.Inf.Rgt.1*. passerà in seguito nella *11./SS-Tot.Inf.Rgt.3*.

[9] Kurt Launer, nato il 16 settembre 1906 a Zeitheim, SS-Nr. 14 434. In precedenza aveva servito come aiutante nel *Pi.Btl. 'SS-VT'*, al comando della *2./SS-Tot.Inf.Rgt.3*, della *8./SS-Tot.Inf.Rgt.3* e del *I./SS-Tot.Inf.Rgt.3*.

[10] Joachim Schubach, nato il 17 settembre 1910 ad Hannover, SS-Nr. 17 597. In precedenza aveva servito nella *9./LSSAH* e al comando della *3./SS-Tot.Inf.Rgt.1*.

Festung Demjansk!

Cap. III) Manovre di rottura

Nel febbraio 1942, dopo essere riuscita a stabilizzare il fronte nel settore di Staraja-Russa, la *16.Armee* pianificò un'offensiva destinata a ristabilire il collegamento tra il *X.Armee-Korps* e il *II.Armee-Korps*. Per questa operazione, denominata *'Brückenschlag'*, l'*OKW* cedette all'*OKH*, la *5.Leichte-Infanterie Division*, la *8.Leichte-Infanterie-Division* e la *329.Inf.Division*. Inoltre, l'*Heeresgruppe 'Nord'* mise a disposizione la *18.Inf.Div.*, la *122.Inf.Div.* e gli elementi della *Totenkopf* che si trovavano nel settore di Staraja-Russa. Queste unità furono raggruppate in seno ad un nuovo *Kampfgruppe*, il cui comando fu affidato al generale Walter von Seydlitz-Kurzbach, comandante del *X.Armee-Korps*. L'attacco fu lanciato al mattino del 21 marzo, su un fronte largo dieci chilometri, impegnando tre battaglioni della *8.Leichte-Inf.Division* e due battaglioni della *5.Leichte-Inf.Division*, appoggiati da alcuni carri.

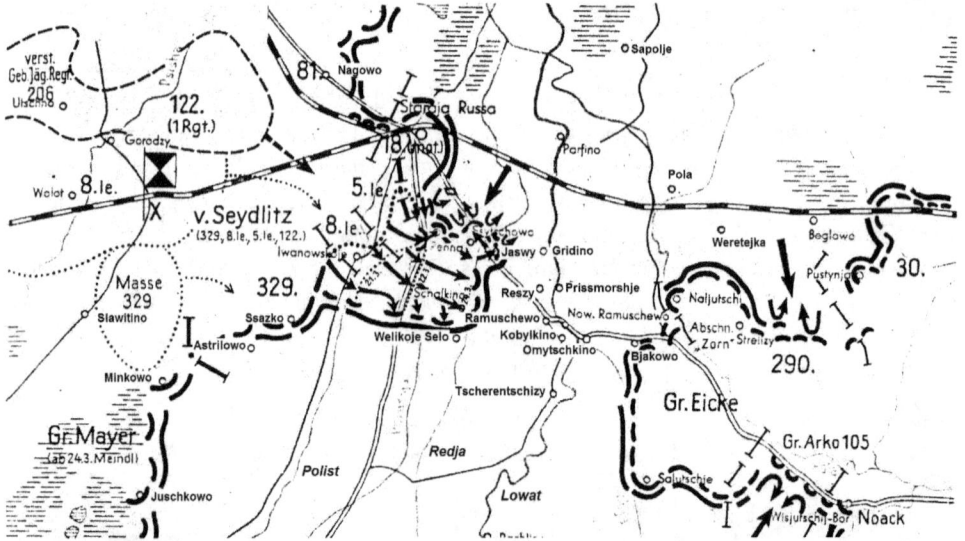

Operazioni *'Brückenschlag'* e *'Fallreep'*: movimenti tra il 20 marzo ed il 1° aprile 1942.

Von Seydlitz-Kurzbach.

I reparti avanzarono verso est, attraverso le foreste verso il fiume Redja. La distanza che separava il *Korpsgruppe* dalla sacca era di circa quaranta chilometri. Di fronte, i Sovietici avevano costruito un solido sistema difensivo fatto di bunker e di trincee. Degli elementi dell'*SS-Art.-Abt. 'Stange'*, appoggiarono l'avanzata della *8.Leichte-Inf.Division*, che mosse da Michaikowo. I reparti delle due divisioni leggere tedesche, avanzarono lentamente, con una temperatura di venti gradi sottozero, lasciando il loro fianco meridionale esposto. Il generale von Seydlitz-Kurzbach, si vide costretto così a inviare la *122.* e la *329.Inf.Div.* a proteggere il fianco esposto, riuscendo a conquistare le posizioni di Sokolovo e Ozhedovo, ma riducendo nello stesso tempo, le forze che marciavano in direzione di

Festung Demjansk!

Ramuschewo. Dopo due giorni di combattimenti, gli elementi della *8.Leichte-Inf.Division* raggiunsero il fiume Redja a Kudrovo, ma il *Korpsgruppe Seydlitz* riuscì a superarlo in forze solo il 27 marzo. I Sovietici misero in campo tutte le loro riserve per contrattaccare.

Reparti tedeschi in marcia all'interno della sacca di Demjansk, febbraio 1942.

Soldati tedeschi impegnati ad attraversare un fiume.

Poi una ventina di carri della 69ª brigata corazzata, attaccarono il fianco della *5.Leichte-Inf.Division*: in una disperata battaglia nei pressi di Jaswy, i reparti tedeschi distrussero ben otto *T-34* e respinsero il contrattacco sovietico. Il 29 marzo, tutte le località situate sul fiume Redja, tra Welikoje Selo e Michalkino, ritornarono nelle mani dei Tedeschi, ma l'avanzata del *Korpsgruppe Seydlitz* si era bloccata, a causa della resistenza opposta dai Sovietici. Alla fine di marzo, le forze di Seydlitz erano a sette chilometri da Ramuschewo e a una ventina di chilometri dal *Kampfgruppe Eicke*, all'interno della sacca. All'inizio di aprile, le difese sovietiche tra il Redja e il Lovat si rafforzarono ulteriormente. L'11 aprile, venne fatto un ultimo sforzo: i reparti della *8.Leichte-Inf.Division* avanzarono travolgendo gli avamposti sovietici, prima di arrestarsi di fronte ad una seconda linea di fortificazioni nemiche. Il *Gruppe Engelhardt*, agli ordini dell'*Oberst* Günter Engelhardt, comprendente il *I./Inf.Rgt.30* (*18.Inf.Div.*), la *13.Kp.* e la *14.Kp./Inf.Rgt.30*, il *III./Inf.Rgt.51* (*18.Inf.Div.*) e la *1.Kp./SS-T.Pi.-*

Festung Demjansk!

L'*SS-Hstuf*. Müller, a destra nella foto.

Major **Dietrich Steinhardt**.

Btl. dell'*SS-Hstuf*. Müller[1], mosse ugualmente all'attacco dall'area di Gridino. Verso le 17:00, l'*Inf.Rgt.28* della *8.Leichte-Inf.Div.*, riuscì infine a raggiungere la strada che portava a Ramuschewo. Il giorno dopo, il *Gruppe Engelhardt* riuscì a forzare il passaggio a sud di Michalinski, aprendo così la strada del Lovat. Il 13 aprile, la *8.Leichte-Inf.Division*, ricevette l'ordine di proseguire rapidamente in direzione di Ramuschewo. L'attacco fu lanciato il 19 aprile e progredì bene prima che i reparti tedeschi fossero bloccati davanti al fiume Gussinez. Il giorno dopo l'attacco riprese con l'appoggio degli *Stukas*: il *III./Inf.Rgt.51*, penetrò dentro Ramuschewo. Il suo comandante, il *Major* Dietrich Steinhardt, conosciuto per essere stato il primo soldato dell'esercito tedesco a ricevere la Croce di Cavaliere, rimase ucciso nel corso dei combattimenti. Nel pomeriggio, il *I./Inf.Rgt.30* riuscì a superare la resistenza sovietica e ad aprirsi un varco fino al Lovat. Nello stesso tempo, sulla riva opposta, l'*SS-Kampfgruppe 'Bochmann'* avanzò verso Nowo Ramuschewo.

L'operazione Fallreep

Nel corso del mese di marzo, fu deciso che il *Korpsgruppe 'Zorn'*, agli ordini del *General der Infanterie* Hans Zorn, dovesse attaccare dall'interno della sacca di Demjansk, in direzione di Kobylkino, per andare incontro al *Korpsgruppe 'von Seydlitz'*. In particolare, il 21 marzo al comando di Eicke, giunse l'ordine tanto atteso: "*...voi attaccherete verso ovest, per raggiungere il fiume Lovat a Ramushewo e quindi completare la congiunzione con il* X.Armee-Korps". Di conseguenza, all'inizio di aprile, fu organizzato un reggimento di assalto con elementi di tre divisioni, agli ordini dell'*Oberstleutnant* Hermann von Borries, comandante dell'*Inf.Rgt.46* (*30.Inf.Div.*), per appoggiare l'attacco degli *SS-Kampfgruppen 'Kleffner'* e *'Bochmann'*, previsto per il 14 aprile. L'*SS-Kampfgruppe 'Bochmann'*, comprendente una compagnia

Festung Demjansk!

dell'*SS-T.Inf.Rgt.3*, una dell'*SS-T.Aufkl.-Abt.*, la *SS-Divisions-Sturmkompanie 'Anlauft'*, la *SS-Tot.-Div.-Begleit-Kp.* e un plotone anticarro, aveva per obiettivo la strada che portava a Bjakowo. Sulla sua sinistra, c'era la *SS-Pi.-Kp. 'Seela'*, mentre l'*SS-Kampfgruppe 'Kleffner'*, doveva avanzare verso nord-ovest. A complicare i movimenti dei reparti tedeschi giunse però, improvvisa, la stagione del disgelo: dall'inizio di aprile, con lo scioglimento della neve, l'acqua aveva inondato le trincee, i *bunker* e le buche individuali.

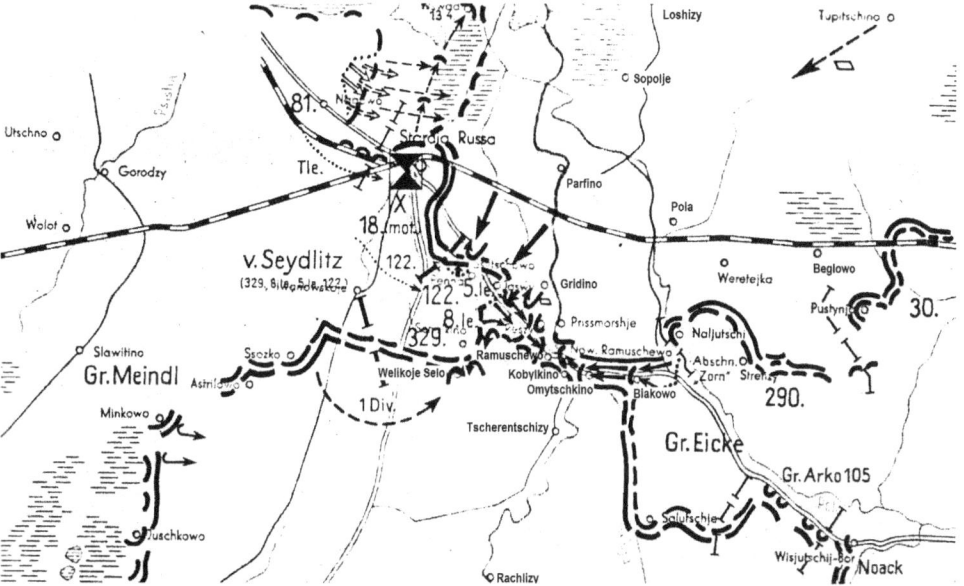

Operazioni '*Brückenschlag*' e '*Fallreep*': movimenti tra il 2 ed il 21 aprile 1942.

General der Infanterie Hans Zorn.

Il 14 aprile, i reparti della *Totenkopf* si lanciarono comunque all'assalto delle posizioni sovietiche. La *SS-Pi.-Kp. 'Seela'* raggiunse il fiume Starowskaja Robja, a ovest di Bjakowo, ma il ponte, il suo obiettivo principale, saltò prima dell'arrivo dei pionieri SS: seguirono furiosi combattimenti corpo a corpo e i soldati SS non fecero prigionieri, non un solo soldato sovietico rimase vivo sulla riva opposta. I motociclisti SS di Franz Kleffner passarono ugualmente all'attacco dal settore di Idjukino, ma furono subito bloccati dal fuoco dei mortai sovietici. Il bilancio della prima giornata dell'attacco non poteva certo considerarsi positivo, poiché nessuno degli obiettivi fissati era stato raggiunto, a causa della forte resistenza dei reparti sovietici. Il giorno dopo, il 15 aprile, i reparti SS ripartirono all'attacco. L'*SS-Kampfgruppe 'Kleffner'*, con in testa i due ultimi cannoni d'assalto dell'*SS-Tot.StuG-Bttr.*, investì la posizione di Bjakowo verso le 18:30. In questo modo, i reparti SS si procurarono una buona base di

Festung Demjansk!

partenza per i loro successivi attacchi in direzione del fiume Lovat. Nella notte tra il 15 e il 16 aprile , il *Pi.-Btl.48* e l'*SS-Kampfgruppe 'Bochmann'*, si lanciarono all'assalto, al seguito del reggimento d'assalto *'von Borries'*, in compagnia dell'*SS-Kampfgruppe 'Kleffner'*. L'attacco proseguì anche nella mattinata del 16 aprile, con i reparti tedeschi impegnati a ripulire gli ultimi nidi di resistenza fino alla valle del fiume Robja.

SS-Stubaf. **Franz Kleffner.**

Esploratori motociclisti della *Totenkopf* in azione, 1942.

SS-Stubaf. **Georg Bochmann.**

La seconda fase della *Fallreep* iniziò il 17 aprile: i reparti tedeschi dovevano ora attraversare la grande foresta che portava al fiume Lovat. L'*SS-Kampfgruppe Kleffner* attaccò da Bjakowo, riportando perdite notevoli. Il giorno dopo, le due unità SS e il *Regiment 'von Borries'* ripresero l'attacco. Si combatté per ogni metro di terreno e lungo la sola via di comunicazione che attraversava la foresta, un passaggio costruito con tronchi d'albero, si verificarono furiosi scontri corpo a corpo. Verso sera, gli uomini di Georg Bochmann giunsero finalmente nei pressi di Omytschkino: i primi due attacchi furono però respinti. La località, situata sulla riva orientale del Lovat, finì per cadere nelle loro mani il 19 aprile, grazie ad un movimento aggirante. Il fiume era però in piena e sembrava impossibile attraversarlo. Georg Bochmann scelse di risalire allora verso nord, colpendo alle spalle le difese sovietiche. Il 20 aprile, i reparti SS proseguirono la loro avanzata in direzione di Nowo Ramuschewo, conquistando la posizione in tarda serata e dopo una furiosa battaglia. Nel corso della notte, la *SS-Pi.-Kp. 'Seela'*, giunse a rinforzare l'*SS-Kampfgruppe 'Bochmann'*, i cui effettivi erano scesi ad appena una settantina di uomini.

Festung Demjansk!

L'*SS-Ogruf*. Eicke con le Fronde di Quercia.

Soldati della *Totenkopf* a bordo di un canotto, 1942.

Max Seela accoglie le truppe amiche sul Lovat.

Sempre il 20 aprile 1942, il comandante della *Totenkopf*, Theodor Eicke fu decorato con le Fronde di Quercia per la sua Croce di Cavaliere e fu promosso al grado di *SS-Obergruppenführer*. Il 21 aprile, il *Gruppe 'Seydlitz'*, rinnovò i suoi attacchi in direzione del Lovat. Presi tra due fuochi, i Sovietici furono costretti a ripiegare. Verso le 18:30, i reparti di Seydlitz giunsero sulla riva occidentale del fiume: l'*SS-Hstuf*. Seela gli andò incontro, attraversando il fiume a bordo di canotti di gomma. L'accerchiamento era ormai rotto e la sacca di Demjansk diventò nuovamente un saliente. Si trattava ora di allargare il corridoio, attaccando verso nord e verso sud. L'attacco verso nord, fu lanciato il 25 aprile dai battaglioni 'Pantel' (*32.Inf.Div.*) e 'Laue' (*12.Inf.Div.*), con l'appoggio della *SS-Pi.-Kp. 'Seela'* e dell'*SS-Kampfgruppe 'Kron'*. Proprio i reparti SS guidati dall'*SS-Hstuf*. Otto Kron, riuscirono a stabilire una testa di ponte sul fiume Wileny, malgrado la forte resistenza nemica. Questa testa di ponte permise di proseguire l'attacco verso ovest in direzione di Star.Ramuschewo e verso nord, in direzione di Prissmorshje permettendo così di stabilire il collegamento con le truppe di von Seydlitz provenienti da nord-ovest. Durante i successivi combattimenti, all'*SS-Kampfgruppe 'Kron'* fu ordinato di coprire il fianco destro del fronte d'attacco e di stabilire una nuova linea difensiva rivolta verso la palude di Sutchan. Ma, nel pomeriggio del 25 aprile, i Sovietici attaccarono il fianco sinistro del *Kampfgruppe* nel settore ad ovest e a sud-ovest della posizione di Alexandrowo, minacciando così di

Festung Demjansk!

travolgere completamente le sue posizioni. Fu proprio in questa situazione molto critica che Kron, di sua propria iniziativa, raggruppò tutti i suoi uomini ancora in grado di combattere e li guidò in un rapido e disperato contrattacco. Seguì un feroce combattimento nella foresta e tra le paludi, nel corso del quale, l'*SS-Hstuf*. Kron mostrò tutto il suo valore, riuscendo a respingere i Sovietici e a ristabilire la linea del fronte. Per questa azione, il 28 giugno 1942, Kron fu decorato con la Croce di Cavaliere.

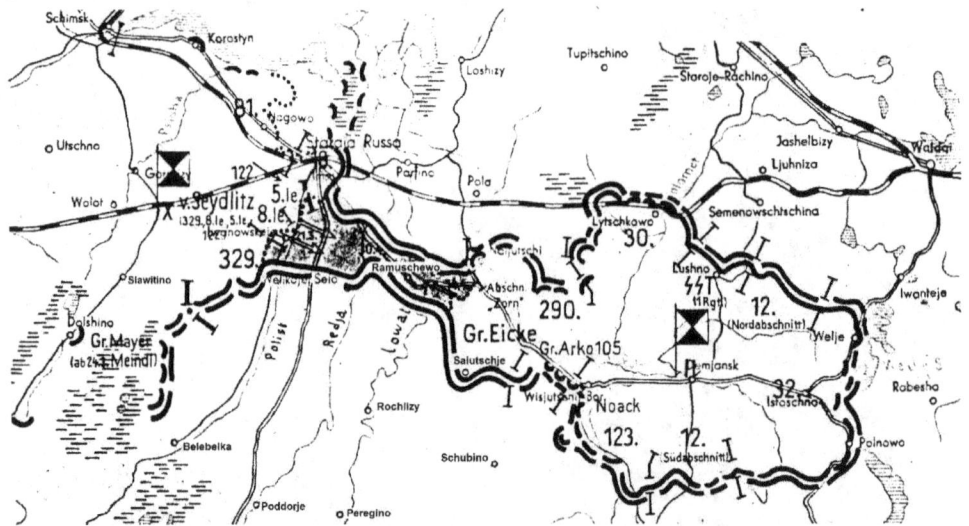

La situazione alla fine di aprile 1942 nel saliente di Demjansk.

L'*SS-Stubaf*. Otto Kron.

Nel frattempo, anche gli ultimi punti di appoggio sovietici a Kobylkino e Nowosselje furono eliminati. A questo scopo il 26 aprile, l'*SS-Kampfgruppe 'Launer'* raggiunse il *Gruppe Eicke* dal settore di Lushno. Tutti gli elementi della *Totenkopf* che si trovavano a sud di Omytschkino furono posti sotto il comando dell'*SS-Stubaf*. Deisenhofer. Il 30 aprile, il suo *Kampfgruppe* attraversò il fiume Robja a bordo di canotti di gomma e conquistò la posizione di Nowosselje, dopo una furiosa battaglia. Questa conquista segnò la fine delle operazioni '*Brückenschlag*' e '*Fallreep*'.

Per l'esemplare comportamento durante la manovra di rottura, l'*SS-Stubaf*. Deisenhofer, comandante dell'omonimo *Kampfgruppe* e l'*SS-Stubaf*. Bochmann, comandante dell'*SS-Tot.Pz.Jg.Abt*., furono decorati con la Croce di Cavaliere, rispettivamente l'8 maggio 1942 e il 3 maggio 1942.

Note
[1] Siegfried Müller, nato il 18 ottobre 1914 a Krefeld, SS-Nr. 230 815.

Festung Demjansk!

Cap. IV) La difesa del corridoio di Ramuschewo

Malgrado le pesanti perdite subite, la *Totenkopf* non fu evacuata dal saliente di Demjansk. I suoi sacrifici furono ricompensati dall'assegnazione di numerose *Ritterkreuz*, ma di fronte alla ripresa dell'offensiva sovietica, che minacciava di strangolare l'istmo di Ramuschewo, il comando tedesco preferì mantenere la divisione sul posto per proteggere questo vitale 'corridoio', attraverso il quale passavano i rifornimenti del *II.Armee-Korps*. L'*SS-Ogruf*. Eicke aveva supplicato Himmler di inviare diecimila nuove reclute per completare i suoi reparti. Il morale della truppa era molto basso, ma Hitler e Himmler, erano convinti che la presenza della *Totenkopf* fosse indispensabile per la stabilità del fronte a sud del lago Ilmen.

L'*SS-Ogruf*. Theodor Eicke, seguito da alcuni ufficiali del suo stato maggiore, primavera 1942.

Una postazione difensiva della *Totenkopf* con una MG-34.

Hitler la considerava ormai una delle migliori divisioni dell'esercito tedesco e quindi si rifiutò di ritirarla dalle prime linee per permettergli di riorganizzarsi. Nello stesso tempo, il *Führer* autorizzò la formazione di nuove unità SS destinate a rinforzare la divisione, unità che sarebbero state tuttavia disponibili solo

Festung Demjansk!

in futuro. Eicke dovette così rassegnarsi a difendere il corridoio di Ramuschewo, che misurava quattro chilometri di larghezza e dodici di lunghezza. Furono costruite nuove posizioni difensive e nuovi ponti sui numerosi corsi d'acqua. Dall'altra parte, i Sovietici non cessavano di far affluire nuove forze: cinque nuove divisioni fucilieri, undici brigate di fanteria, una brigata corazzata, tre battaglioni corazzati ed un battaglione di fanteria.

Una squadra mortai della *Totenkopf* al riparo di una trincea, con un *m.Gr.Werfer 34* (NARA).

Un'altra squadra mortai in azione, 1942.

All'inizio di maggio si verificarono i primi attacchi, nell'area ad ovest di Kobylkino, investendo le posizioni dell'*Inf.Rgt.30*. La forte pressione esercitata dai reparti nemici, ridusse la larghezza del corridoio a tre chilometri nel settore di Bjakowo. Nello stesso tempo, la località e i ponti sul Lovat erano ormai direttamente visibili dai Sovietici, che iniziarono a colpirli con le loro armi pesanti. Questi bombardamenti impedirono l'invio di rinforzi e di rifornimenti nel saliente. A partire dal 3 maggio, l'artiglieria sovietica intensificò i suoi bombardamenti sulle posizioni tedesche nella sacca, prendendo di mira in modo particolare i centri logistici e le basi di rifornimento. Le più colpite furono le posizioni del *Gruppe Simon*, ad est della sacca.

Festung Demjansk!

In quello stesso periodo, Theodor Eicke iniziò a raggruppare le unità disperse della sua divisione. E così, il 5 maggio, l'*SS-Art.-Abt. 'Stange'* ritornò in seno alla divisione e installò le sue batterie ad est del Lovat, in appoggio all'*SS-Kampfgruppe 'Kleffner'*.

Una mitragliatrice MG-34 in configurazione pesante su treppiede su una posizione difensiva.

Una mitragliatrice *'Maxim'* sovietica usata dalla *Totenkopf*.

Il 7 maggio, anche lo stato maggiore dell'*SS-Tot.Inf.Rgt.3* e i resti dell'*SS-T.Aufkl.-Abt.*, si ricongiunsero al *Gruppe Eicke*, per essere impegnati sul fronte del fiume Robja. Il giorno dopo, l'*SS-Ogruf.* Theodor Eicke assunse il comando del *Korpsgruppe z.b.V. 'Zorn'*, mentre Hellmuth Becker, gli successe alla testa del *Gruppe 'Eicke'*. Gli attacchi dei Sovietici proseguirono intanto giorno e notte: malgrado l'impiego dei carri armati, dell'artiglieria e di numerosi reparti di fanteria, non riuscirono però a strangolare l'istmo, in parte anche grazie al fuoco di interdizione dell'artiglieria tedesca. Tra il 7 e il 10 maggio, l'ala destra del *Gruppe Simon* respinse con successo ben ventotto attacchi nemici. Le forze della *Totenkopf* in quel settore erano agli ordini dell'*SS-Stubaf.* Emil Zollhöfer[1], comandante del *I./SS-Tot.Inf.Rgt.1*.

Festung Demjansk!

Frikorps Danmark

Cerimonia di giuramento dei volontari danesi (NA).

Volontari danesi in addestramento a Treskow, 1941.

I Sovietici continuarono ad esercitare una forte pressione contro il saliente di Demyansk e questo rese urgente l'invio di rinforzi. Tra le prime unità a giungere nel settore, all'inizio di maggio 1942, il *Frikorps Danmark*, il corpo di spedizione volontario danese. Come in tutti gli altri paesi europei, alleati della Germania o occupati dai Tedeschi, anche in Danimarca, all'indomani dell'inizio dell'operazione *Barbarossa*, fu avviata la formazione di una legione volontaria organizzata sotto l'egida della *Waffen SS*, fin dal 28 giugno 1941 ed autorizzata ufficialmente dallo stesso governo danese. In precedenza, altri volontari danesi si erano già arruolati nella *Waffen SS*, nei reggimenti *Nordland* e *Nordwest*. Inizialmente l'unità fu posta agli ordini del Tenente Colonnello danese Christian Peder Kryssing. Il 19 luglio 1941, i primi 430 volontari lasciarono la Danimarca per essere trasferiti al campo di addestramento di Langenhorn in Germania. Qui i volontari trovarono un altro centinaio di loro compatrioti provenienti dal reggimento SS *Nordwest* e in agosto, arrivarono altri trecento nuovi volontari. Dopo aver ricevuto le uniformi tedesche iniziarono subito le operazioni di addestramento. I danesi, come tutti gli altri volontari europei, indossarono l'uniforme della *Waffen SS*, con uno scudo sul braccio con i colori nazionali (la bandiera danese) e la fascia sulla manica sinistra della divisa con la scritta *Frikorps Danmark*. Come mostrina da colletto, i volontari danesi adottarono la ruota solare a tre braccia o *Trifos*: inizialmente questa insegna era stata utilizzata per il reggimento *Nordwest*. La Legione danese fu organizzata come un battaglione di fanteria, con tre compagnie fucilieri ed una di mitragliatrici.

Festung Demjansk!

SS-Stubaf. Christian Frederick von Schalburg.

L'arrivo dei legionari danesi all'aeroporto di Demjansk, nella primavera del 1942 (NARA).

In seguito, per aumentare la potenza di fuoco della formazione, i plotoni della compagnia mitraglieri furono distribuiti tra le tre compagnie di fanteria; nello stesso tempo, la compagnia mitratrici fu trasformata in compagnia armi pesanti con due plotoni di cannoni leggeri di fanteria, un plotone anticarro ed uno pionieri. In totale 38 ufficiali e 858 sottufficiali e soldati. Il 15 settembre 1941, i volontari danesi furono trasferiti al campo di Treskow vicino Poznan in Polonia, dove continuarono l'addestramento. All'inizio di novembre 1941, l'*Hauptsturmführer* Knud Borg Martinsen fu nominato temporaneamente comandante della Legione, al posto di Kryssing. Nel marzo del 1942, al comando del *Frikorps Danmark*, subentrò l'*SS-Stubaf.* Christian Frederick von Schalburg[(2)], reduce dai combattimenti con la *Wiking* e decorato con entrambe le classi della Croce di Ferro. All'inizio di aprile 1942, la Legione Danese era pronta per il fronte: la sua forza contava 109 ufficiali e 781 uomini di truppa. Dal campo di Treskow a Poznan, i volontari danesi furono trasferiti su treno a Kaliningrad nel settore nord del fronte russo. Da qui, furono trasferiti all'aereoporto di Heiligenbeil a sud di Königsberg, per essere trasportati in aereo nell'area intorno a Demiansk, dove furono assegnati al '*Gruppe Eicke*' della divisione SS *Totenkopf*. Appena arrivati i volontari danesi furono subito impegnati in duri combattimenti per difendere la breccia aperta dai Tedeschi dagli incessanti attacchi sovietici. Aggregati alla divisione *Totenkopf*, i volontari danesi dovevano partecipare alla difesa di una testa di ponte nella giunzione dei fiumi Lovat e Robja; i legionari furono dislocati su un fronte di circa cinque chilometri, fitto di foreste e paludi, lungo il Robja.

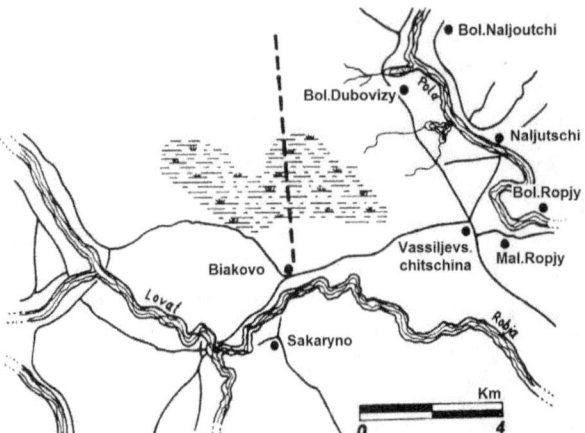

L'area di impiego della Legione danese a Demjansk.

Soldati tedeschi impegnati in un attacco (*Charles Trang*).

I volontari danesi in azione

Il 13 maggio, una improvvisa pioggia torrenziale trasformò rapidamente tutta la regione intorno a Demyansk in un immenso pantano e questo costrinse i Sovietici a sospendere i loro attacchi. I reparti tedeschi ne approfittarono per conquistare il settore lungo il fiume Larinka: nella notte tra il 13 e il 14 maggio, il *Kampfgruppe 'Rehbain'* della *290.Inf.Div.*, attaccò dunque in direzione di Nikolskoje e quello dell'*SS-Hstuf*. Reder[3], in direzione di Nowo Derewnja. I due gruppi non riuscirono però a stabilire il collegamento e restarono isolati. I Sovietici lanciarono due battaglioni di fanteria al contrattacco, costringendo i due *Kampfgruppen* tedeschi a ripiegare. Nella notte tra il 19 e il 20 maggio, i Sovietici attraversarono il fiume Robja e attaccarono le posizioni tedesche. Per parare la minaccia, il *Korpsgruppe*, inviò il *Bataillon 'Löling'* a Omytschkino e il *Frikorps Danmark* nel settore del Robja. Dopo essere stati messi in allerta, all'alba del 20 maggio, furono diramati gli ordini per il trasferimento dei volontari danesi nella zona dove era avvenuta la penetrazione. L'*SS-Stubaf.* von Schalburg si recò al posto di comando dell'*SS-Tot.Inf.Rgt.2*, agli ordini dell'*SS-Staf*. Helmuth Becker, a Biakovo, per avere una visione più completa della situazione. La *1.Kp./FD* fu inviata

Festung Demjansk!

nell'area a sud-ovest di Biakovo (Bjakowo), mentre la 2.*Kp./FD* prese posizione tra il fianco sinistro della *1.Kp.*, verso est, ed il plotone pionieri, posto sul fianco destro della stessa *1.Kp*. Il 21 maggio, giunsero in posizione anche la *3.* e la *4.Kp.*, ma entrambe furono poste di riserva, nell'area ad ovest di Biakovo. I cannoni leggeri di fanteria ed i pezzi anticarro della *4.Kp.*, furono posizionati alle spalle delle compagnie di fanteria.

Un gruppo di soldati SS attende la fine del fuoco di preparazione dell'artiglieria per attaccare.

L'*SS-Stubaf.* von Schalburg, 1942.

Alle 18:00 del 20 maggio, una forte compagnia sovietica attaccò il settore occupato dalla *1.* e dalla *2.Kp./FD*, appoggiata dal fuoco di alcuni mortai pesanti. I volontari danesi fronteggiarono con molto coraggio l'assalto, ma quando la situazione iniziò a farsi critica, fu inviato di rinforzo un plotone della *3.Kp*. I Sovietici restarono molto sorpresi di fronte alla forte resistenza opposta dai Danesi, pensando di trovarsi di fronte una debole avanguardia della *Totenkopf*. Nel pomeriggio del 21 maggio, una compagnia del *Kampfgruppe Becker* (elementi dell'*SS-Tot.Inf.Rgt.2*), venne a rinforzare la *2.Kp./FD*. L'*SS-Stubaf.* von Schalburg diresse questo gruppo, insieme con due plotoni della *3.Kp.*, in un contrattacco nel bosco paludoso a sud di Biakovo. Ne seguì un breve ma aspro scontro, alla fine del quale i Sovietici furono costretti a ripiegare. Quando cessarono i combattimenti, più di ottanta soldati nemici giacevano sul terreno e furono catturati numerosi prigionieri. Il comandante von Schalburg sfruttò la sua perfetta conoscenza della lingua russa, per

Festung Demjansk!

riuscire a farsi dare informazioni da questi prigionieri, informazioni che si rivelarono determinanti per il successo delle operazioni condotte nei giorni successivi. Nella giornata del 22 maggio, la *3.Kp.* del *Legion-Hstuf.* Poul Neergaard-Jacobsen[4], fu impegnata in un rastrellamento: all'alba, la compagnia si trasferì su un fronte più ampio, dovendo fronteggiare un forte gruppo nemico, appostato su una collina in mezzo alla palude.

Un gruppo di volontari danesi, raggruppati intorno ad un mortaio medio, primavera 1942.

Il *Leg.-Hstuf.* Neergaard-Jacobsen.

Guidati dal loro comandante, i volontari danesi si lanciarono all'assalto della collina, ma il forte fuoco di sbarramento scatenato dal nemico, li costrinse a ripiegare subito dopo. Fu allora inviato in avanti un solo plotone, per tentare di aggirare la posizione nemica e colpirla alle spalle. Minacciati di finire circondati, i Sovietici ripiegarono su un'altra collina. Un nuovo attacco dei Danesi fu ancora respinto. Allora il *Leg.-Hstuf.* Neergaard-Jacobsen, raggruppò i suoi uomini e li lanciò nuovamente in avanti: il fuoco nemico continuò a fare vittime. Ancora una volta, l'attacco fu interrotto e si contarono le perdite: la *3.Kompanie* lamentava tre caduti e otto feriti. Da parte sovietica, si contavano una ventina tra morti e feriti e furono catturati 14 prigionieri. Alle 16:00, giunsero nuovi rifornimenti di munizioni, per cui gli uomini della terza compagnia ritornarono ad avanzare

Festung Demjansk!

Una squadra mitraglieri SS durante un attacco, 1942.

Legionari danesi all'assalto delle posizioni sovietiche.

L'*SS-Obf.* Simon (a sinistra) a colloquio con altri ufficiali.

tra le paludi intorno alla collina difesa dal nemico. L'artiglieria sovietica prese a sparare contro di essi, per coprire il ripiegamento dei loro soldati verso il fiume Robja, dove si attestarono lungo la sponda meridionale. A quel punto, Neergaard-Jacobsen decise di fare ritorno a Biakovo. Poche ore dopo, i sovietici fecero entrare in azione la loro artiglieria, rovesciando sulle posizioni danesi un uragano di fuoco. Quando terminò il bombardamento, la fanteria sovietica si lanciò all'attacco delle posizioni del *Frikorps*: senza perdersi d'animo e con molta calma, i volontari danesi misero in posizione le loro mitragliatrici ed aprirono il fuoco contro il nemico. Un plotone sovietico, riuscì tuttavia a penetrare sull'ala destra della 1.*Kompanie*, per cui fu raggruppata subito una truppa d'assalto che riuscì a contenere la penetrazione. Alla fine degli scontri, la prima compagnia del *Frikorps* lamentò sei caduti ed otto feriti. Il 25 maggio, mentre i Sovietici moltiplicavano i loro attacchi nell'area tra Sutoki e Nowosselje, i Tedeschi reagirono lanciando a loro volta degli attacchi con dei reparti d'assalto. Uno di questi, formato a partire dall'*SS-Art.-Gruppe 'Haas'*, agli ordini dell'*SS-Hstuf.* Haas[5], fu impegnato nell'area a est di Sakorytno: nell'azione furono uccisi una ottantina di soldati sovietici, catturati una ventina di prigionieri e distrutti due pezzi di artiglieria e due cannoni anticarro. Malgrado questo successo locale, la situazione generale continuò a restare critica per i Tedeschi. Infatti, il fronte del *Korpsgruppe 'Eicke'* si estendeva per 84 chilometri e disponeva solo di ottomila uomini per difenderlo.

Festung Demjansk!

Soldati SS al riparo di una trincea, prima di un attacco.

L'*SS-Stubaf.* von Schalburg, mentre guida all'assalto i suoi legionari danesi, giugno 1942.

Theodor Eicke chiese dei rinforzi, ma dallo stato maggiore del *II.Armee-Korps* giunse solo l'ordine per la *30.Inf.Div.* di rilevare l'*SS-Kampfgruppe 'Simon'*, tra Kirillowschtschina e Lushno. Ma il suo trasferimento verso il settore occidentale del saliente richiese delle settimane.

I combattimenti per allargare il corridoio

Alla fine del mese di maggio fu deciso di allargare il corridoio di Ramuschewo con una nuova offensiva, denominata in codice *Danebrog*, la bandiera danese. A causa delle cattive condizioni del tempo, questa offensiva fu rimandata più volte e l'ordine di attacco giunse solo il 2 giugno: la *Totenkopf* doveva ripulire il settore situato tra Wassiljewschtschina e Bjakowo e di stabilire delle nuove posizioni difensive sulla sponda occidentale del fiume Pola. Questo attacco doveva essere lanciato dal *Rgt.-Gruppe 'Becker'*. Quest'ultimo era stato rinforzato dall'*SS-T.Aufkl.-Abt.*, dal *II./SS-T.Inf.Rgt.1* e dal *Frikorps Danmark*. Gli furono inoltre aggregati la *SS-Pi.-Kp. 'Müller'*, la *StuG-Bttr. 'Feuerherd'* e il *Pz.Abt. 'Stephan'*. I legionari danesi, furono impegnati in particolare nell'attacco contro il saliente di Ssutoki. Posti agli ordini del *Leg-Hstuf.* Knud Børge Martinsen, due plotoni d'assalto del *Frikorps* dovevano investire la testa di ponte nemica, sia da est che da ovest, appoggiati da altri due gruppi di copertura, equipaggiati con mitragliatrici. Alle prime luci dell'alba del 3 giugno, le armi pesanti del *Frikorps* aprirono il fuoco contro la testa di ponte nemica; dopo pochi minuti cambiarono di posizione per poter colpire le posizioni dell'artiglieria sovietica sull'altra sponda del fiume. Una volta che il fuoco concentrato delle armi pesanti cessò, i due plotoni d'assalto si lanciarono all'attacco. Dopo essere riusciti a penetrare le

Festung Demjansk!

posizioni nemiche più avanzate, subito dopo, furono bloccati dal fuoco dell'artiglieria e dei mortai sovietici. Il plotone più avanzato riuscì comunque ad arrivare sulla testa di ponte, ma il preciso fuoco nemico contrastò efficacemente l'azione dei gruppi di copertura, ferendo entrambi i comandanti di plotone. L'*SS-Stubaf.* von Schalburg, che era più indietro con una forza di riserva, si rese conto della gravità della situazione, quindi si portò in prima linea per appoggiare i suoi legionari. Avanzando davanti ai suoi uomini, von Schalburg finì su una mina nemica, restando gravemente ferito ad una gamba.

Leg-Hstuf. **Martinsen.**

Una squadra mortai sovietica in azione, estate 1942.

Legionari danesi al riparo di un T-34 distrutto, 1942.

Una MG-34 impegnata a fornire fuoco di appoggio, 1942.

Quando i suoi soldati gli si avvicinarono per tentare di soccorrerlo, questi li allontanò con la mano, gridando: "*...Andate avanti ragazzi, continuate ad attaccare!*". Proprio in quel momento, piombarono intorno a lui alcuni tiri di mortaio sovietici, ferendolo. Alcuni suoi legionari tentarono di prestargli soccorso, ma quando furono vicini, un altro colpo di mortaio centrò in pieno tutto il gruppo: l'*SS-Stubaf.* von Schalburg e altri due volontari danesi morirono sul colpo. L'*Hstuf.* Martinsen, impegnato a dirigere il fuoco delle armi pesanti, quando ricevette la notizia della morte del comandante, ordinò la sospensione dell'attacco, ormai in una fase di stallo.

Festung Demjansk!

L'attacco contro Bolschoje-Duboviziy

Un sottufficiale della *Totenkopf*, giugno 1942.

Soldati SS avanzano tra le foreste paludose (NA).

Malgrado l'insuccesso, la Legione Danese cominciò ad essere considerata dai comandi tedeschi una unità combattente affidabile, per cui gli furono assegnate delle missioni più impegnative. A nord-est delle posizioni del *Frikorps*, nei dintorni di Bjakowo, i Sovietici avevano stabilito una nuova testa di ponte sul fiume Pola, minacciando il fronte difensivo tedesco in quel settore. L'*SS-Staf.* Becker, pianificò quindi una nuova azione per eliminarla, impegnando il I Battaglione del suo reggimento, il Battaglione motociclisti dell'*SS-Stubaf.* Franz Kleffner ed il *Frikorps Danmark*. Il *I./Tot.Inf.Rgt.1*, agli ordini dell'*SS-Hstuf.* Emil Zollhöfer ed il *Frikorps*, passato agli ordini di Martinsen, dovevano attaccare da ovest le posizioni nemiche a Bolschoje-Duboviziy, passando attraverso quattro chilometri di paludi, mentre i motociclisti di Kleffner, dovevano procedere lungo la strada principale, muovendo da sud. Verso le 3:00 del 5 giugno, i reparti giunsero sulle posizioni di partenza per l'attacco: due compagnie dell'esercito, occuparono posizioni di copertura verso nord e verso ovest. Giusto a sud di esse, c'erano i volontari danesi, che rappresentavano l'ala settentrionale del fronte d'attacco, mentre sul fianco destro c'era il Battaglione della *Totenkopf*, che doveva guidare l'attacco sull'ala meridionale. Il movimento dei reparti tedeschi non passò inosservato al nemico, come dimostrò il fuoco dei mortai che iniziò a cadere sulle teste degli attaccanti. Alle 4:00 iniziò l'attacco: il *Frikorps* avanzò con la 2.*Kompanie*, agli ordini del *Leg-.Ostuf.* Hansen, sull'ala sinistra e la 1.*Kompanie*, agli ordini del *Leg.-Ostuf.* Per Sörensen, sull'ala destra. La 3.*Kompanie* del *Leg.-Hstuf.* Neergaard-Jacobsen, restò in

Festung Demjansk!

riserva. I volontari danesi, si avvicinarono alle posizioni nemiche, al coperto di un bosco a sud-ovest di Bol.Dubovizy, incontrando subito una forte resistenza.

Leg.-Ostuf. Per Sörensen

Cannoni d'assalto *StuG.III* impegnati in combattimento, 1942.

Un fuciliere motociclista della *Totenkopf* in azione.

Fucilieri della *Totenkopf* recuperano un ferito (NA).

Tra i bunker nemici di fronte ad essi, c'era un battaglione di riserva sovietico, ben determinato a resistere ad oltranza. Questo costrinse gli uomini del *Frikorps* a ripiegare verso il bosco, per evitare di riportare gravi perdite. L'artiglieria tedesca appoggiò l'azione, ma non riuscì a smorzare completamente la resistenza dei Sovietici. Verso le 8:00, il *Leg.-Hstuf.* Martinsen, inviò la 3.Kp./FD in avanti, di rinforzo sull'ala destra, per poter rinnovare l'attacco. Ma ancora una volta il massiccio fuoco di sbarramento dei Sovietici impedì qualsiasi progressione in avanti: l'*Hstuf.* Neergaard-Jacobsen rimase ferito ed il suo sostituto, l'*Ostuf.* Henneke, seguì la sua stessa sorte pochi minuti dopo. L'*Ustuf.* Alfred Nielsen assunse quindi il comando della compagnia. Alle 10:00, la maggior parte degli elementi del *Frikorps* era arrivata a circa cinquecento metri ad ovest di Bol.Dubovizy. Sulla destra dei danesi, il I./Tot.Inf.Rgt.1 aveva mantenuto lo stesso passo, mentre l'*SS-Stubaf.* Kleffner continuò a guidare i suoi motociclisti verso sud, coperto da una cortina di fuoco creata dai cannoni d'assalto, dai cannoni di fanteria e dai pezzi anticarro. Tre cannoni d'assalto, appoggiati dai fanti SS,

Festung Demjansk!

avanzando davanti agli altri reparti, riuscirono a travolgere le posizioni sovietiche. Il nemico depose le armi e si arrese. Grazie alla rapida avanzata degli uomini di Kleffner, il *Frikorps* riuscì ad attraversare la linea di *bunker* davanti ad esso. Ma anche dopo questo balzo in avanti, l'attacco si arrestò nuovamente, questa volta per dare tempo agli uomini di riprendere fiato, ricevere i rifornimenti ed evacuare i numerosi feriti.

Uno *StuG.III* durante un attacco ad un villaggio occupato dai sovietici, giugno 1942.

Un addetto alle comunicazioni.

I Sovietici fecero entrare in azione la loro artiglieria, colpendo le loro posizioni appena perse. I reparti di Kleffner furono costretti a cambiare posizione più volte, per evitare il micidiale fuoco dell'artiglieria sovietica, che li seguiva con una precisione mortale. Alle 10:30, iniziò la seconda fase dell'attacco, inizialmente con il fuoco concentrato delle armi pesanti contro la posizione di Bol.Dubovizy. Subito dopo i motociclisti di Kleffner e la 3./Tot.Inf.Rgt.1, si aprirono la strada verso la parte meridionale del villaggio. L'attacco del *Frikorps* contro le posizioni nemiche verso nord e verso ovest, fu invece bloccato. I Sovietici continuarono a difendere la parte settentrionale di Bol.Dubovizy con estrema determinazione, infliggendo ai reparti danesi pesanti perdite. L'artiglieria tedesca colpì nuovamente la parte

Festung Demjansk!

settentrionale di Bol.Dubovizy e poco dopo sembrò che le difese nemiche iniziassero a cedere. Alle 14:15, i volontari danesi irruppero infine nel villaggio, con l'appoggio di tre cannoni d'assalto del *Kampfgruppe Kleffner*. I soldati si spostarono di casa in casa, ingaggiando feroci scontri corpo a corpo con i sovietici e solo dopo circa un'ora, la resistenza nemica cessò, quando i restanti soldati sovietici si ritirarono verso nord.

Una postazione difensiva del *Frikorps Danmark* con una *Maxim* sottratta ai sovietici.

Fanteria sovietica all'assalto, giugno 1942.

Gli uomini del *Frikorps* insieme al Battaglione di fanteria della *Totenkopf*, continuarono ad avanzare, stabilendo una nuova linea difensiva a nord del villaggio. Nelle giornate successive il fronte continuò a stabilizzarsi.

Nuovi attacchi sovietici

Il 9 giugno 1942, giunse il nuovo comandante del *Frikorps*, l'*SS-Stubaf*. Hans Albert von Lettow-Vorbeck[6], nipote del celebre comandante delle truppe tedesche in Tanzania, durante la Prima Guerra Mondiale. Nel corso della notte del 10 giugno 1942, i Sovietici lanciarono un attacco su vasta scala contro la linea difensiva

Festung Demjansk!

Hans Albert von Lettow-Vorbeck.

tedesca a nord di Bolshoje Dubovizy. Alle 22:00, al posto di comando del *Frikorps* giunse un messaggio allarmante: "*...contrattacco nemico in corso!*". Superato il primo momento di panico, fu ordinato un rapido ripiegamento, dopo la mezzanotte, su posizioni più sicure a circa due chilometri a nord di Vassiljevschtschina e Bol.Dubovizy fu abbandonata. Nello stesso tempo l'*SS-Stubaf.* von Lettow-Vorbeck iniziò ad organizzare le prime contromisure: decise di lanciare i suoi reparti all'assalto verso nord, su entrambi i lati della strada di Bol.Dubovizy, per ricacciare il nemico indietro, prima che potesse consolidare le posizioni conquistate. La *3.Kp./FD* attaccò sul lato sinistro della strada e la *2.Kp./FD* su quello destro. La *1.Kompanie* doveva restare in riserva per essere impegnata sul fianco occidentale della direttrice di attacco, l'area più vulnerabile per una minaccia nemica. Due pezzi anticarro della *4.Kompanie* furono assegnati come rinforzo alla *1.Kompanie*. Una volta che il *Frikorps* avesse rotto le linee sovietiche, una compagnia della *Totenkopf-Division*, con tre cannoni di assalto, avrebbero appoggiato la creazione di una nuova linea difensiva. Alle 6:30 dell'11 giugno, la battaglia esordì con un duello a distanza tra le opposte artiglierie.

Una postazione anticarro della *Totenkopf* nel settore ad ovest di Bol.Dubovizy (NARA).

Le batterie tedesche, dislocate a sud-est di Vassiljevschtschina si confrontavano con le batterie sovietiche, posizionate a nord di Bol.Dubovizy e ad est del fiume Pola. Di

Festung Demjansk!

conseguenza, le compagnie danesi si ritrovarono ad attaccare senza un adeguato appoggio di artiglieria. Avanzando per circa cinquecento metri in campo aperto, superando una grande resistenza, i volontari danesi riuscirono ad arrivare alle prime case di Bol.Dubovizy, dove infuriarono dei combattimenti corpo a corpo.

Una MG-34 impegnata a fornire fuoco di appoggio.

Leg.-Ustuf. **Boy-Hansen.**

Un ufficiale del *Frikorps* impartisce ordini.

Mentre la *1.Kompanie* di Sörensen e la *3.Kompanie* di Nielsen furono impegnate nel tentare di penetrare nel villaggio, la *2.Kompanie* di Boy-Hansen, avanzò lungo il fianco occidentale dello stesso, incontrando anche qui una forte resistenza. Nello stesso tempo, lo stesso *Ostuf.* Boy-Hansen avvistò una importante concentrazione di forze nemiche nei boschi più ad ovest, segno che i Sovietici fossero sul punto di contrattaccare. Dopo circa due ore di furiosa lotta tra le case di Bol.Dubovizy, la *1.* e la *3.Kp.* erano riuscite a riconquistare solo un terzo della posizione, ma verso le 10:00, si scatenò il previsto contrattacco sovietico. La *2.Kompanie* si ritrovò nella situazione peggiore, visto che i Sovietici esercitarono lo sforzo maggiore proprio sul fianco occidentale: inizialmente la compagnia danese riuscì a mantenere le sue posizioni, ma quando la pressione nemica si intensificò e

Festung Demjansk!

soprattutto quando l'*Ostuf*. Boy-Hansen cadde sotto il fuoco nemico, i reparti iniziarono a ripiegare in gran disordine, verso sud e verso sud-est, lasciando scoperto il fianco delle compagnie che si trovavano nel villaggio. Nella furiosa battaglia che si scatenò dentro Bol.Dubovizy cadde anche il comandante della *3.Kp.*, l'*Ustuf*. Nielsen e dallo Stato Maggiore del *Frikorps* fu inviato l'*Ostuf*. Christen-Madsen Brodersen a sostituirlo.

Un gruppo di soldati della *Totenkopf* impegnati a trasportare un caduto nelle retrovie.

Volontari danesi durante l'assalto alle posizioni nemiche.

Alle 11:20, i primi elementi della forza sovietica raggruppata nei boschi, investì la parte occidentale del villaggio colpendo i danesi sul fianco. Alle 11:30, l'*SS-Stubaf*. von Lettow-Vorbeck ordinò la ritirata generale. La *3.Kompanie* coprì la manovra, subendo una forte pressione da nord e da sud-ovest. Von Lettow-Vorbeck, si trovava giusto dietro la *3.Kp.* a dirigere i combattimenti: già era stato ferito due volte, però aveva deciso di continuare a restare in prima linea. Grazie alle sue rapide decisioni ed alla sua presenza nel pieno dell'azione, fu possibile salvare la situazione e dal sicuro annientamento le compagnie danesi. Impegnando le sue ultime forze, l'*Ostuf*. Brodersen e la sua *3.Kompanie* riuscirono a bloccare il violento attacco nemico. Ad un certo punto von Lettow-Vorbeck si accorse che la *1.Kompanie* di Per Sörensen fosse sul punto di essere

Festung Demjansk!

Un mitragliere della *Waffen-SS* con una MG-34.

circondata, quindi informò l'*Ostuf.* Brodersen che sarebbe andato personalmente a portarle aiuto. Von Lettow-Vorbeck ed il suo ufficiale di collegamento, abbandonarono allora le posizioni della *3.Kp.* e si misero in marcia: pochi minuti dopo, finirono sotto il fuoco delle mitragliatrici sovietiche, restando mortalmente feriti. L'*Hstuf.* Martinsen, ancora una volta, fu chiamato ad assumere il comando della Legione: dopo aver diretto il fuoco delle armi pesanti della *4.Kompanie*, fece ripiegare in buon ordine i reparti. Verso mezzogiorno, i reparti danesi si attestarono nuovamente sulle loro posizioni di partenza, insieme al Battaglione motociclisti della *Totenkopf.* L'attacco contro Bol.Dubovizy era costato alla Legione Danese, 59 caduti, tra i quali il comandante dell'unità e due comandanti di compagnia. I feriti erano più di cinquanta ed alcuni morirono all'ospedale da campo per le gravi ferite riportate. In totale il *Frikorps* aveva perso un quarto della sua forza effettiva.

Note

(2) Emil Zollhöfer, nato il 20 settembre 1911 a Lindau, SS-Nr. 28 501. In precedenza aveva servito al comando della *9./SS-Tot.Inf.Rgt.2.*

(3) Christian Frederik von Schalburg, nato a San Pietroburgo nel 1906 da padre danese. Durante la rivoluzione russa, si trasferì con tutta la sua famiglia in Danimarca. Nel 1925, si arruolò nella Guardia personale del Re, raggiungendo nel 1927 il grado di Tenente. Pur essendo politicamente un conservatore dopo l'ascesa di Hitler al potere in Germania, cominciò ad avvicinarsi al Nazionalsocialismo, soprattutto per la sua profonda avversione al comunismo. Fu uno dei primi ufficiali danesi ad iscriversi al DNSAP. Nel 1939, Shalburg partì volontario per la Finlandia per combattere contro i Sovietici. Passato nella *Waffen SS,* nel 1941 fu assegnato come ufficiale di stato maggiore nella divisione SS 'Wiking'.

(4) Walter Reder, nato il 4 febbraio 1915 a Freiwaldau, SS-Nr. 58 074. In precedenza aveva servito nel *II./Sta. 'Deutschland'*, poi dopo il corso ufficiali presso la *SS-Junkerschule* di Braunschweig, fu trasferito alla *Totenkopf,* dove ricoprì prima l'incarico di ufficiale di stato maggiore presso l'*SS-Tot.Inf.Rgt.1* e poi passò al comando della *11.Kompanie* dello stesso reggimento.

(5) Poul Neergaard-Jacobsen, nato il 16 febbraio 1901 a Copenaghen.

(6) Fritz Haas, nato il 19 luglio 1912 a Friedberg-Feuerbach, SS-Nr. 61 057. Era al comando della *3./SS-Tot.Art.Rgt.*, poi passò al comando del *I./SS-Art.Rgt.3*.

(7) Hans v.Lettow-Vorbeck, nato il 28 aprile 1901 a Berlino, SS-Nr. 203 005. In precedenza era stato al comando della *5./'Germania'*.

Festung Demjansk!

Cap. V) Nuove battaglie difensive

Il 12 giugno 1942, l'*SS-Ogruf*. Eicke dovette ritornare in ospedale per farsi curare la sua ferita al piede e ne approfittò anche per recarsi personalmente a colloquio da Hitler per chiedere il ritiro della *Totenkopf* dalla prima linea. Durante la sua assenza, l'*SS-Obf.* Max Simon assunse temporaneamente il comando della *Totenkopf*. A partire dal 20 giugno, gli elementi dell'*SS-Kampfgruppe 'Simon'* ritornarono in seno alla divisione. Il 23 giugno, i Sovietici tentarono invano di penetrare le linee dell'*SS-Kampfgruppe 'Launer'* a Nowosselje. Il 24 giugno, rinnovarono i loro attacchi sempre nello stesso settore, nella speranza di cogliere di sorpresa i Tedeschi.

SS-Obf. Max Simon.

Posizione difensiva della *Totenkopf* con un tiratore scelto.

Un mortaio della *Totenkopf* sul fronte di Demjansk.

Ma furono nuovamente respinti, soprattutto grazie al fuoco di interdizione scatenato dalle batterie dell'*SS-Art.-Gruppe 'Haas'*. Alla fine di giugno il *Kampfgruppe Eicke* fu disciolto e venne formato un nuovo gruppo da combattimento posto agli ordini del *Generalleutnant* von Knobelsdorf: la sua missione era quella di continuare a tenere aperto il corridoio verso la sacca di Demjansk. All'inizio di luglio, mentre lo stato maggiore tedesco aveva chiesto l'autorizzazione ad evacuare il saliente di Demjansk per permettere al *II.Armee-Korps* di accorciare le sue linee, Hitler al contrario, aveva deciso di conservare questo saliente per una futura offensiva in direzione di Mosca.

Festung Demjansk!

Esploratore motociclista della *Totenkopf*.

Esploratori motociclisti della *Totenkopf*.

E così, delle nuove unità arrivarono nel settore di Demjansk: la *8.Jg.Division*, la *122.Inf.Div.*, la *126.Inf.Div.*, la *329.Inf.Div.* e degli elementi della *218.Inf.Div.* Malgrado il rinforzo di tutte queste unità, la *Totenkopf* fu mantenuta in prima linea: era stato infatti deciso di lanciare un nuovo attacco per allargare il corridoio di Ramuschewo, l'operazione *Schlingpflanze*, prevista per il 1° agosto. Il 5 luglio, la *Totenkopf* passò a sua volta all'attacco, con il battaglione 'Schröder' e l'*SS-Kampfgruppe 'Launer'*. Quest'ultimo progredì rapidamente e riuscì ad investire la parte meridionale di Korowitschino. L'artiglieria sovietica intervenne, costringendo i soldati SS a restare al coperto per alcune ore. Alla fine dovettero ripiegare dopo aver perso tutte le loro armi anticarro e subito pesanti perdite. I giorni successivi furono caratterizzati da violenti scambi di fuoco tra le opposte artiglierie. Il 7 luglio 1942, dopo il solito fuoco di preparazione dell'artiglieria, i Sovietici attaccarono le posizioni tedesche tra Staraya Russa e Demyansk, ma furono ancora una volta respinti.

Nuovi scontri per Wassiljewschtschina

Verso la metà di luglio, la *Totenkopf* si raggruppò nel settore di Godilowo. Il *Regimentsgruppe 'Baum'* fu disciolto e le sue posizioni furono assegnate ai *Regimentsgruppen 'Schröder'* e *'Glase'*. Quest'ultimo rilevò l'*SS-Btl.-Stab 'Laackmann'*, mentre l'*SS-Bataillon 'Knöchlein'* fu messo a disposizione della divisione a Sorokopenno. Il 17 luglio, anche l'ultimo battaglione della *Totenkopf* che si trovava ancora sulle alture del Valdai, il *I./SS-T.Inf.Rgt.1*, fu trasferito sul fronte del fiume Robja. In quella stessa giornata, i Sovietici tornarono ad

Festung Demjansk!

attaccare, concentrando i loro sforzi tra Dubowizy e Wassiljewschtschina: le posizioni della *Totenkopf* e della *290.Infanterie-Division* furono subito penetrate dai carri sovietici. Sul fianco destro, i reparti SS ripiegarono su Rykalowo, mentre sul fianco sinistro, la *1.* e la *3.Kp.* del *Freikorps Danmark* restarono completamente isolate. Verso mezzogiorno, i Sovietici riuscirono a conquistare Wassiljewschtschina dove i resti di due compagnie della *Totenkopf* si batterono fino all'ultimo uomo prima di finire travolte.

Soldati della *Waffen-SS* rispondono al fuoco nemico al riparo di un carretto, estate 1942.

Leg.-Ostuf. Per Sörensen.

Alla divisione giunse l'ordine di colmare la breccia a qualsiasi costo, ma per la prima volta dall'inizio della guerra, il suo comandante, l'*SS-Obf*. Max Simon, scelse di ignorare l'ordine, inviando al *Korpsgruppe 'von Knobelsdorff'* il seguente messaggio: "...Impossibile, Herr General. *Ho perduto più di cinquecento uomini negli ultimi due giorni e non ho i mezzi per lanciare un contrattacco. Significherebbe la fine per la mia divisione*". Si fece allora appello alla *8.Jäger-Division*, ma prima che i cacciatori dell'esercito raggiungessero la zona dei combattimenti, i Sovietici continuarono ad avanzare verso sud e verso ovest. La *1.Kp.* del *Freikorps Danmark* agli ordini dell'*Ostuf*. Sörensen finì quasi completamente annientata e i Sovietici proseguirono in direzione di Bjakowo. La *4.Kp.* del *Freikorps Danmark*, agli ordini dell'*SS-Ostuf*. Stenger[1], armata solamente di fucili, riuscì a bloccare l'avanzata dei fanti

Festung Demjansk!

Un pezzo anticarro su una posizione difensiva all'interno di un villaggio. In primo piano un soldato della *Waffen-SS* armato di fucile *Mauser*.

Esploratori motociclisti della *Totenkopf*.

sovietici, ma non quella dei carri nemici, che riuscirono a penetrare tra le posizioni danesi. Un *T-34* fu distrutto da un cannone di fanteria e questo costrinse gli altri carri a ripiegare. Nella serata, gli *Stukas* intervennero e colpirono gli elementi avanzati dei Sovietici. Il *Pz.Rgt.203* e dei cannoni d'assalto giunsero ad appoggiare i cacciatori dell'esercito. Alle 21:40, Wassiljewschtschina fu riconquistata dai Tedeschi. I reparti della *8.Jäger-Division* giunsero a circa seicento metri a sud della vecchia linea del fronte quando un nuovo attacco sovietico li colse di sorpresa. E così il villaggio di Wassiljewschtschina cadde nuovamente nelle mani dei Sovietici. La loro avanzata proseguì nel corso del 18 luglio: il *I./SS-Tot.Inf.Rgt.3* respinse tutti i loro assalti davanti Rykalowo, al costo di pesanti perdite. Gli sforzi tedeschi per riconquistare la posizione di Wassiljewschtschina, iniziarono al mattino del 19 luglio, con l'appoggio di un intenso fuoco di artiglieria dei cannoni leggeri del *Frikorps* e dei mortai del *Jäger-Regiment 38 (8.Jäger-Division)*. I cacciatori tedeschi iniziarono ad avanzare verso il villaggio mentre i legionari del *Frikorps* coprivano il loro fianco settentrionale e una compagnia della *123.Inf.Div.* copriva invece quello meridionale. Il primo assalto tedesco venne facilmente respinto dai difensori sovietici, ben trincerati sulle loro posizioni. Anche i due successivi attacchi fecero la stessa fine, sempre a causa della forte resistenza dei reparti sovietici: molti *Jäger* caddero vittime delle mine nemiche, disposte a centinaia lungo il perimetro difensivo. Dopo il fallimento del terzo attacco, fu

Festung Demjansk!

Un Bombardiere in picchiata *Stuka* in azione.

Un cannone d'assalto seguito da reparti di fanteria.

Carri sovietici distrutti sul fronte di Demjansk, 1942.

richiesto l'intervento degli *Stukas*, per poter annientare i centri di resistenza del nemico. Subito dopo fu tentato un nuovo assalto, ma anche questa volta, i reparti cacciatori tedeschi non riuscirono a penetrare nel villaggio: verso mezzogiorno, la forza reale di ciascuna compagnia tedesca si era ridotta a quella di un plotone. Nel pomeriggio, i Sovietici contrattaccarono, ma i danesi della *1.Kompanie* ed i loro camerati tedeschi, riuscirono a respingerli. Poco dopo, il fuoco dei mortai nemici, anticipò un nuovo attacco della fanteria nemica, questa volta appoggiata anche da un carro armato. Furono chiamati in causa nuovamente i bombardieri in picchiata della *Luftwaffe*, i quali fecero letteralmente a pezzi la forza di assalto sovietica. Al mattino del 20 luglio, l'artiglieria sovietica prese a colpire le posizioni dei Tedeschi e dei Danesi: tre nuovi attacchi degli *Stukas*, distrussero completamente le posizioni di fuoco dell'artiglieria nemica. Dopo qualche ora di tregua, i Sovietici fecero entrare in azione le loro batterie lanciarazzi multiple, mentre lungo la linea ferroviaria apparvero nuove compagnie di assalto nemiche. Da parte tedesca, si rispose con il fuoco dei mortai ed un altro attacco degli *Stukas*, che causarono notevoli perdite al nemico. Nella serata, i Tedeschi rinforzarono il fronte danese con tre cannoni d'assalto ed un lanciarazzi multiplo. Le ultime riserve disponibili furono inviate

Festung Demjansk!

Un esploratore motociclista della *Totenkopf* (NARA).

L'*SS-Stubaf*. Wilhelm Schulze, primo a destra, con l'*SS-Ostuf*. Leistener a sinistra e l'*SS-Ostuf*. Backe al centro.

in prima linea. Alle prime luci dell'alba del 21 luglio, i due reggimenti della *8.Jäger-Division*, appoggiati dal *Frikorps* e dall'artiglieria, lanciarono un nuovo attacco verso il villaggio: i combattimenti che seguirono durarono quasi l'intera giornata, ma al tramonto, gli ultimi difensori sovietici, si ritirarono da Wassiljewschtschina. La linea ferroviaria ritornò operativa e fu stabilita una nuova linea difensiva a nord della posizione. Durante questi ultimi scontri, i volontari danesi riuscirono a distruggere alcuni carri nemici a distanza ravvicinata.

Nuovo fronte difensivo

Il 27 luglio, i Sovietici ripresero i loro assalti contro le posizioni dell'*SS-Rgt. 'Becker'* e dell'*SS-Kampfgruppe 'Kron'*. L'*SS-Obf.* Simon si vide costretto a riorganizzare il fronte difensivo della divisione in tre zone: il fronte del Robja fu assegnato all'*SS-Stubaf*. Baum, con 543 uomini per sette chilometri di fronte. Il settore di Welikoje Selo, ad ovest, era difeso dal *Kampfgruppe 'Schröder'* dell'esercito, con 976 uomini per tredici chilometri di fronte. Il settore di Salutschje, a sud, era difeso dal *Kampfgruppe 'Glase'* dell'esercito, con 1.227 uomini per ventuno chilometri di fronte. L'*SS-Hstuf*. Krauth era al comando di ciò che restava del battaglione motociclisti e del gruppo da ricognizione, mentre l'*SS-Tot.Inf.Rgt.1* era passato provvisoriamente agli ordini dell'*SS-Stubaf*. Schulze. La maggior parte degli elementi della *Totenkopf* si battevano ormai

Festung Demjansk!

sia in seno all'*SS-Rgt. 'Becker'*, sia in seno al *Gruppe 'Baum'*. Mentre i superstiti del saliente continuavano a battersi duramente in condizioni spaventose, seguendo la promessa di Hitler, il comandante Theodor Eicke iniziò la formazione dei nuovi reparti della *'Totenkopf'*, presso l'*SS-Truppenübungsplatz 'Sennelager'* con delle nuove reclute, dei convalescenti e degli uomini in permesso che non erano stati ritrasferiti a Demjansk.

Soldati della *Totenkopf* impegnati in combattimento nel settore di Welikoje Selo (NARA).

Personale del treno logistico scarica rifornimenti, 1942.

Da parte sua, sotto diversi pretesti, l'*SS-Obf*. Simon, riuscì a inviare in Germania, 170 ufficiali e sottufficiali delle principali unità della *Totenkopf*, per poterli utilizzare come quadri per i nuovi reggimenti e battaglioni in corso di costituzione. Nel saliente, la situazione continuò ad essere difficile per i reparti della *Totenkopf*. Il 31 luglio, sotto una pioggia battente, numerosi attacchi sovietici furono respinti nel settore di Nowosselje. Il giorno dopo, gli attacchi cessarono. Le continue e gravi perdite costrinsero l'*SS-Obf*. Simon ad inviare in prima linea tutti gli uomini disponibili: autisti, segretari, cucinieri, telefonisti ed infermieri, chiunque fosse stato in

Festung Demjansk!

grado di maneggiare un'arma. Nella notte tra il 6 e il 7 agosto, i Sovietici lanciarono un attacco contro le posizioni del *Gruppe 'Becker'*. Ma finirono sotto il fuoco dei pezzi della *7.Bttr./SS-Tot.Art.Rgt.*, diretti dall'*SS-Hstuf.* Adolf Pittschellis[2]. Il 10 agosto, si verificò un nuovo attacco sovietico, con l'obiettivo di strangolare il corridoio su entrambi i lati del fiume Pola: il *Regimentsgruppe 'Baum'* si ritrovò nuovamente al centro dei combattimenti.

Un cannone leggero di fanteria da 75 mm (*le.IG18*) della *Totenkopf* in combattimento.

Un osservatire avanzato dell'artiglieria della *Totenkopf*.

I Sovietici lanciarono senza interruzione delle truppe fresche contro le posizioni tedesche con un forte appoggio di fuoco della loro artiglieria e della loro aviazione. Fin dal primo giorno giorno dell'offensiva, i reparti SS impegnati nel settore del Robja persero un terzo dei loro effettivi. Anche l'*8.Jäger-Division*, a causa della forte pressione nemica, dovette abbandonare la posizione di Rykalowo. Il giorno dopo, i Sovietici attaccarono nuovamente: i loro assalti furono respinti e numerose brecce furono colmate con dei feroci contrattacchi. I Sovietici risposero con un massiccio bombardamento della loro artiglieria, infliggendo ulteriori

Festung Demjansk!

perdite alla *Totenkopf*. Il 14 agosto, Max Simon segnalò violenti attacchi nel settore del Robja fin dalle 5:00. Due reggimenti sovietici attaccarono a nord di Sutoki, riuscendo a penetrare le posizioni tedesche. Le perdite furono ancora una volta molto elevate. Tutti gli osservatori di artiglieria restarono uccisi. Max Simon dovette fare appello ancora una volta alle unità del treno logistico per rinfoltire le compagnie di fanteria.

L'*SS-Oberführer* Max Simon, al centro, ascolta il rapporto di uno dei suoi ufficiali (*Charles Trang*).

Uno *Spiess* della *Totenkopf* in prima linea.

Un aiuto inaspettato giunse dalle condizioni del tempo: delle violente piogge torrenziali bloccarono tutti gli attacchi sovietici. Questo permise ai Tedeschi di riorganizzare le loro difese e di far affluire i rifornimenti. Il 17 agosto, i Sovietici ripresero i loro attacchi sul fronte del Robja, ma furono respinti. Dal 19 agosto, la situazione si stabilizzò. La divisione *Totenkopf* in quel momento allineava 959 combattenti ancora validi, ripartiti nel modo seguente:

- *SS-Tot.Inf.Rgt.1 (Regimentsgruppe 'Baum')*
    SS-Btl. 'Eckert': 193
    SS-Btl. 'Krauth': 168
    SS-Btl. 'Grunert': 130

- *SS-Tot.Inf.Rgt.3 (Regimentsgruppe 'Becker')*
    SS-Btl. 'Knöchlein': 193
    SS-Btl. 'Kühn': 168
    SS-Btl. 'v.d. Pahlen': 130

Festung Demjansk!

Soldati SS impegnati a recuperare munizioni.

L'*SS-Uscha*. Hans Hirning con la *Ritterkreuz*.

Esploratori motociclisti della *Totenkopf* (NARA).

Erano inoltre impegnati come fanti, ottanta uomini delle compagnie sanitarie, ottanta del treno logistico, venti dei servizi dell'Intendenza, quaranta dell'*SS-T.Flak-Abt.* e dieci dell'*SS-StuG-Batterie*. Il 23 agosto, i Sovietici attaccarono per tutta la giornata, ma furono ancora respinti. Il 26, Max Simon ordinò ai meccanici delle compagnie riparazioni di portarsi in prima linea per poter riorganizzare le compagnie di fanteria. In quella stessa giornata, Hitler ordinò la riorganizzazione della divisione in Francia e la sua trasformazione in *Panzergrenadier-Division*.

Croce di Cavaliere per Hans Hirning

Durante i combattimenti nella sacca di Demjansk, a causa della mancanza di ufficiali, molti sottufficiali furono chiamati a guidare reparti in prima linea. L'*SS-Rottenführer* Hans Hirning[10] era al comando di una squadra mortai della *6./SS-Tot.-Inf.Rgt.1*, dislocata lungo la strada la strada principale tra Omytschkino e Bjakowo, una vitale linea dei rifornimenti per le forze tedesche. Il 23 ottobre 1941, Hirning era stato già decorato con la Croce di Ferro di Seconda Classe, per un'azione audace nei pressi di Lushno e il 14 luglio 1942, con quella di Prima Classe, per un'altra azione eroica nell'area di Demjansk. Il 28 agosto, i Sovietici nel corso di un furioso contrattacco riuscirono a travolgere tutte le posizioni dei fucilieri, giungendo ad un centinaio di metri dalle posizioni di Hirning. L'*SS-Rttf*. Hirning notò un pezzo anticarro nemico pronto a fare fuoco contro la sua posizione. Senza pensarci due volte, Hirning si lanciò verso il pezzo nemico, riuscendo a distruggerlo.

Festung Demjansk!

Un pezzo anticarro sovietico da 45mm in posizione.

Una squadra mortai della *Totenkopf*, 1942.

Serventi di un pezzo *Flak* da 20mm della *Totenkopf*.

Per questa azione, il 23 ottobre 1942, Hans Hirning fu decorato con la Croce di Cavaliere, come *granatwerfertruppführer* in seno alla *6./SS-Tot.-Inf.Rgt.1* e promosso al grado di *SS-Unterscharführer*. Leggiamo il testo della proposta per la concessione: "... *la strada principale tra Omytschkino e Bjakowo era vitale come linea dei rifornimenti per l'esercito tedesco, consapevoli di questo, i Sovietici portarono un pezzo anticarro sulla strada principale, minacciando così di tagliando la linea dei rifornimenti nell'area di Demjansk. Distruggere il pezzo anticarro con l'artiglieria pesante non era possibile. L'SS-Rottenführer Hirning si offrì volontario per distruggerlo con granate a mano e pistola mitragliatrice. il suo comandante di battaglione lo mise al corrente dei rischi della missione, c'erano concrete possibilità di restare ucciso o di essere catturato, Hirning di questo ne era consapevole e rispose '...lo so, ne sono consapevole, ma l'importante è distruggere il pezzo anticarro, il resto è insignificante'. Il 28 agosto, Hirning con una carica di esplosivo da sei chilogrammi con miccia, si avvicinò strisciando fino al pezzo anticarro nemico. Innescata la miccia, Hirning corse verso le proprie linee, ma fu scoperto e fu preso di mira dal fuoco incrociato e dal lancio di granate da parte del nemico, rimanendone fortunatamente illeso. La carica di esplosivo non esplose, ma questo non demoralizzò Hirning, che insieme ad un altro camerata volontario, dopo aver aspettato che lungo le linee contrapposte di combattimento tornasse la tranquillità, ritornò con un'altra carica di esplosivo all'assalto del pezzo anticarro nemico. Questa volta l'azione fu coronata da successo...*".

Festung Demjansk!

Croce di cavaliere per August Zingel

Il 31 agosto, i Sovietici attaccarono di nuovo nel settore del Robja: colpiti dal fuoco dell'artiglieria SS, ripiegarono lasciando numerosi caduti sul terreno. Il 3 settembre, il settore occidentale del saliente passò sotto il controllo della *126.Inf.Div.*, mentre la *Totenkopf* si trasferì nella parte meridionale del corridoio e sulle sponde del Robja, dove i Sovietici erano molto attivi. La divisione doveva essere impegnata nell'operazione '*Michael*', destinata ad allargare il corridoio nel settore meridionale. Per preparare questo nuovo attacco in direzione del Lowat, la *Totenkopf* doveva eliminare i posti di osservazione sovietici, situati sulla riva occidentale del Robja. In particolare, l'*SS-Btl. 'Krauth'* doveva eliminare una postazione nemica ad est di Nowosselje, un posto di osservazione che permetteva ai Sovietici di poter colpire con le loro batterie le principali linee di comunicazione tedesche. Questa missione, denominata operazione '*August*', fu assegnata al plotone d'assalto dell'*SS-Uscha*. August Zingel[4]. Il suo plotone, fu organizzato su tre squadre, agli ordini degli *SS-Unterscharführer* Marx, Eschenbach e Kellerman. Il 10 settembre, alle 0:34, questo plotone attraversò il Robja a bordo di canotti di gomma. Alle 4:30, al segnale di un razzo rosso, il plotone attaccò la posizione nemica. Alle 5:30 tutto era terminato. Il plotone lamentò un caduto e nove feriti. Erano stati distrutti 32 bunker, 4 batterie di mortai e 5 cannoni da 7,62 cm. Per questa azione, Zingel il 4 ottobre 1942, fu decorato con la Croce di Cavaliere come *SS-Unterscharführer* nella *15./SS-Totenkopf-Inf.Rgt.1* e *Stoßtruppführer in der Kampfgr. 'Krauth'*.

L'*SS-Uscha*. August Zingel.

L'*SS-Hstuf*. **Zech, Chef 15./SS-T.I.R.1, organizza il plotone d'assalto di Zingel (di fronte).**

Festung Demjansk!

L'*SS-Uscha*. Zingel, di spalle sulla destra, riceve gli ordini dall'*SS-Hstuf*. Krauth, sulla sinistra.

L'*SS-Oberscharführer* Zingel con la *Ritterkreuz*.

Leggiamo la raccomandazione, scritta dall'*SS-Oberführer* Max Simon, il suo comandante di reggimento: "...*L'SS-Unterscharführer August Zingel si è messo in evidenza, durante i duri combattimenti invernali, come straordinario comandante di pattuglie esploratrici* (Spähtrupp) *e pattuglie d'assalto* (Stosstrupps). *Ha dimostrato il proprio straordinario valore, sempre intraprendente e spavaldo, ha colpito il nemico con azioni particolarmente avvedute, anche se la situazione risultava critica. Sul fronte del Robja, ha eliminato una posizione sovietica denominata punto 58, molto fastidiosa, che dirigeva il suo fuoco tanto su Nowosellje quanto sullo stesso fronte del Robja e perfino su tutto il traffico della linea ferroviaria Ramuschewo, Omitschkino, Byakowo. A fronte di nostre sensibili perdite, la distruzione della postazione sovietica è costata al nemico pesanti perdite.*

Dopo aver compiuto personalmente una minuziosa ricognizione, nelle prime ore del mattino del 10 settembre 1942, l'ufficiale ha preso la decisione di attraversare il fiume. Ha fatto salire la sua truppa d'assalto sui gommoni e con noncuranza ha attraversato il Robja. Con quest'ardita azione, una volta sbarcato, si è diretto verso la posizione nemica. Ha oltrepassato le prime posizioni e si è diretto più avanti fino al punto 58, riuscendo a prenderne possesso e distruggendo tutto il materiale presente nella stessa postazione.

Sfruttando la confusione del nemico, ha deciso di propria iniziativa di spingersi ancora più avanti e ha penetrato la linea dei Bunker *nemici dislocati fino al margine del bosco. Nel violento combattimento, ha distrutto dieci grossi bunker pieni si soldati e ventidue bunker più piccoli. Le perdite del nemico sono state di circa 150 morti, mentre Zingel è rientrato sulle proprie posizioni lamentando un caduto e svariati feriti. Questo successo decisivo è stato reso possibile grazie all'*SS-Uscha. *Zingel, che ha portato a compimento l'azione con sangue freddo, straordinaria fermezza, prudenza, audacia e alto valore personale. Chiedo per questo valoroso ufficiale il conferimento della* Ritterkreuz *per il suo eroico impegno collegato a questo successo*".

Festung Demjansk!

Ultime operazioni

Eicke a bordo della sua *Kubekwagen*.

Il 27 settembre, il *Gruppe 'von Knobelsdorff'* lanciò l'operazione *'Michael'* muovendo dal fiume Robja, tra Sutoki a nord e Sosnowka a sud, in direzione del Lovat: questa volta si trattava non solo di allargare il corridoio, ma anche tentare di aprire una seconda via per i rifornimenti per il saliente. Il 30 settembre, gli *SS-Btl. 'Baum'* e *'Reder'*, andarono a coprire il fianco destro della *5.Jäger-Division*. Questo attacco fu appoggiato da dieci carri del *Pz.Rgt.203*. I reparti SS proseguirono il loro attacco anche il giorno dopo, in particolare contro la quota 58, situata a sud-est di Nowosselje. Circondati, sotto il fuoco dell'artiglieria, i soldati sovietici si arresero. Il 3 ottobre, la continuazione dell'offensiva permise di annientare numerose unità sovietiche. La *Totenkopf* catturò 700 soldati sovietici, 31 cannoni e 25 mortai. Nel pomeriggio, il *bataillon 'Reder'* raggiunse il Lovat e stabilì il collegamento con le truppe del *X.Armee-Korps* a nord di Kulakowo. Il 4 ottobre, la *Totenkopf* attaccò lungo la sponda orientale del Lowat verso sud e conquistò le località di Luka e Saborje. Il giorno dopo, l'*SS-Ogruf.* Eicke ritornò al comando della *Totenkopf*, che continuò a progredire in direzione di Schatowo e Chodyni. L'8 ottobre, il *bataillon 'Baum'* attaccò Schotowo. La resistenza sovietica fu accanita e un contrattacco finì per sloggiare i reparti SS dalla località verso le 20:30. Questo insuccesso non ebbe gravi ripercussioni, poiché il *Gruppe 'von Knobelsdorff'* aveva raggiunto la maggior parte dei suoi obiettivi. Il corridoio era stato sufficientemente allargato e una seconda linea di rifornimenti era stata aperta. L'operazione *'Michael'* era stata così portata a termine. Fu l'ultima operazione della *Totenkopf* condotta nell'area a sud del lago Ilmen. Il 12 ottobre, ciò che restava della divisione ricevette dal *X.Armee-Korps*, l'ordine ritiro dal fronte. Il 23 ottobre, i superstiti della divisione giunsero alla stazione di Staraja-Russa, per essere trasferiti in Francia.

Note

[1] Helmut Stenger, nato il 9 giugno 1917 a Fechtingen, SS-Nr. 270 046. In precedenza servì nella *13./Tot.Inf.Rgt.3* (1940) e nella *2./Flak-Abt. 'Totenkopf'* (1942).

[2] Adolf Pittschellis, nato il 28 ottobre 1914 a Homberg, SS-Nr. 52 819. In precedenza aveva servito nella *8./Sta. 'Germania'*, al comando della *1.Bttr./SS-Tot.Art.Rgt.* e poi della *7.Bttr./SS-Tot.Art.Rgt*.

[3] Hans Hirning, nato il 14 novembre 1922 a Ulm, entrò volontario nelle SS il 30 novembre del 1939 a 17 anni.

[4] August Zingel nacque il 20 gennaio 1922 a Heidmühle nei pressi di Oldenburg. Dopo aver frequentato la scuola primaria, militò nella *Hitlerjugend* e entrò nelle SS il 1° novembre 1937, prendendo parte alle operazioni per l'annessione dell'Austria, l'occupazione dei Sudeti e l'annessione della Boemia e Moravia. All'inizio della guerra, fu trasferito nella divisione *Totenkopf*, servendo nell'*SS-Totenkopf-Regiment 1*. Il 15 ottobre 1941, fu decorato con la Croce di Ferro di Seconda Classe e nel febbraio del 1942 con quella di Prima Classe. Il 12 ottobre 1941, ricevette anche il Distintivo per gli assalti di fanteria in Bronzo.

Bibliografia

⚡⚡ Fonti primarie

Archivi pubblici
Bundesarchiv Berlin Lichterfelde, Germania
Bundesarchiv-Militärarchiv Freiburg, Germania
Deutsche Dienststelle (WASt)
US National Archives (Personalakte – Microfilm), Washington, Stati Uniti

Riviste e pubblicazioni dell'epoca
Rivista *Signal*, varie edizioni e vari numeri
Rivista *Das Schwarze Korps*, vari numeri
K.B.Martinsen, "*Frikorps Danmark Kampe*", Forlaget, 1944

⚡⚡ Fonti secondarie: libri pubblicati

Sulla Waffen SS in generale
M. Afiero, "*Waffen SS in guerra, volumi I-IV*", Associazione Culturale Ritterkreuz
C. Ailsby, "*SS Hell on the Eastern Front. The Waffen SS in Russia 1941-1945*", Spellmount Ltd. 1998
F. Duprat, "*Les campagnes de la Waffen SS*", Les Sept Couleurs
Willy Fey, "*Armor battles of the Waffen-SS*", Stackpole Books
P. Hausser, "*Waffen SS im Einsatz*", Plesse Verlag, Göttingen 1953
E. G. Kraetschmer, "*Die Ritterkreuztraeger der Waffen-SS*", Preussisch Oldendorf 1982.
H. Landemer, "*La Waffen SS*", Balland, 1972
D. Laugier, "*Sturmartillerie, Tome II*", Editions Heimdal
R. Lumsden, "*la vera storia delle SS*", Newton & Compton Editori
R. Michaelis, "*Die Waffen SS: mythos und wirklichkeit*", Michaelis-Verlag
R. Michaelis, "*Die Panzergrenadier-Divisionen der Waffen SS*", Michaelis Verlag
J. P. Moore, "*Führerliste der Waffen SS*", J.P.Moore Publishing, 2004
H.W.Neulen, "*An deutscher Seite, Internationale Freiwillige von Wehrmacht und Waffen SS*", Universitas 1985
G.H. Stein, "*The Waffen-SS: Hitler's Elite Guard at War 1939-1945*", Cornell University Press
H. Stöber, "*Die Flugabwehrverbände der Waffen-SS*", Preußisch Oldendorf, Verlag K.W. Schütz, 1984
G. Tessin, "*Verbande und truppen der deutschen Wehrmacht und Waffen-SS*", Biblio Verlag
C.Trang, "*Dictionnaire de la Waffen SS*", Volume 1-4, Editions Heimdal
G. Williamson,"*Storia Illustrata delle SS*", Newton & Compton editori

Sulla divisione Totenkopf e reparti ad essa assegnati
Massimiliano Afiero, "*Totenkopf*", Marvia edizioni, Voghera 2005
Massimiliano Afiero. "*3.SS-Panzer-Division Totenkopf Vol. I, 1939-1943*", Ass. Culturale Ritterkreuz
Rupert Butler, "*Curse of the Death's Head: the infamous Story of the SS-Totenkopf-Division*", Arrow Books
Richard Landwehr, "*La Estirpe de Thor: el cuerpo franco SS Danés en la campana de Rusia, 1941-43*", Garcia Hispan Editor
J. Mabire, "*La division Tete de mort sur le front de l'est: 1941-1945*", J. Grancher Editeur
Chris Mann, "*SS-Totenkopf, The History Of The 'Death's Head' Division 1940-45*", IDSA Books
Wolfgang Schneider, "*Les Tiger de la Totenkopf*", edizioni Heimdal
Jacek Solarz, "*Totenkopf 1939-1943*", Wydawnictwo 'Militaria', Varsavia 2008
Charles Sydnor Jr., "*Soldier of destruction*", Princeton University Press
Paul Thomas e Stephen Andrew, "*March of the death's head division*", Concord Publications Company

Festung Demjansk!

Charles Trang, "*Totenkopf*", edizioni Heimdal
Charles Trang, "*Totenkopf Archives*", edizioni Heimdal
Karl Ullrich, "*Wie ein Fels im Meer. Kriegsgeschichte der 3. SS-Panzer-Division Totenkopf*", Band I (Bildband), Munin-Verlag, Osnabrück 1984
Karl Ullrich, "*Wie ein Fels im Meer. Kriegsgeschichte der 3. SS-Panzer-Division Totenkopf*", Band II (Textband), Munin-Verlag, Osnabrück 1987
Wolfgang Vopersal, "*Soldaten, Kämpfer, Kameraden. Marsch und kämpfe der SS-Totenkopf-Division. Band 1-8*", Biblio Verlag 1983-1991.
Ian Michael Wood, "*Tigers of the Death's Head*", Stackpole Books

Pubblicazioni periodiche

Rivista *Wiking-Ruf*, 1952 - 1957
Rivista *Der Freiwillige*: alcuni numeri
Rivista *Siegrunen*, periodico pubblicato da Richard Landwehr: alcuni numeri
Rivista *Ritterkreuz*, bimestrale dedicato alle formazioni della *Waffen SS*: alcuni numeri

⚡⚡ Siti Internet dedicati alle forze armate tedesche durante la Seconda Guerra Mondiale

http://www.feldgrau.com
http://www.axishistory.com
http://www.lexikon-der-wehrmacht.de
http://www.okh.it
http://www.maxafiero.it
http://www.corazzati.it

Festung Demjansk!

L'*SS-Gruf.* Theodor Eicke, comandante della SS-Division '*Totenkopf*'.

INDICE

Festung Demjansk – 1942! 5
Cap. I) Nella sacca di Demjansk 7
    La controffensiva invernale sovietica 8
    I combattimenti per Staraja-Russa 9
    La morsa si stringe 14
    Kampfgruppe 'Moder' 16
    SS-Kampfgruppe 'Säumenicht' 19
    SS-Kampfgruppe 'Becker' 21
Cap. II) I combattimenti del Gruppe 'Eicke' 24
    Si chiude la sacca 26
    La Situazione nel settore Kobylkino-Korowitschino 29
    Croce di Cavaliere per Ernst Stäudle 30
    Croce di Cavaliere per Max Seela 32
    La battaglia per Bjakowo 33
    La battaglia per Wassiljewschtschina 37
    La battaglia per Kalitkino 38
    I combattimenti dell'SS-Kampfgruppe 'Simon' 41
Cap. III) Manovre di rottura 44
    L'operazione Fallreep 46
Cap. IV) La difesa del corridoio di Ramuschewo 51
    Frikorps Danmark 54
    I volontari danesi in azione 56
    I combattimenti per allargare il corridoio 60
    L'attacco contro Bolschoje-Dubovizy 62
    Nuovi attacchi sovietici 65
Cap. V) Nuove battaglie difensive 70
    Nuovi scontri per Wassiljewschtschina 71
    Nuovo fronte difensivo 75
    Croce di Cavaliere per Hans Hirning 79
    Croce di cavaliere per August Zingel 81
    Ultime operazioni 83
Bibliografia 84

TITOLI PUBBLICATI - ALREADY PUBLISHING

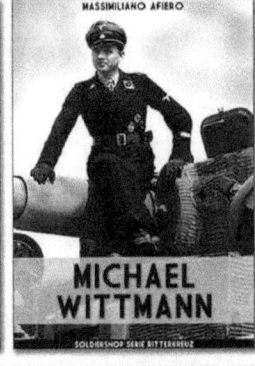

www.ingramcontent.com/pod-product-compliance
Lightning Source LLC
LaVergne TN
LVHW081453060526
838201LV00050BA/1785